老年期女性の心的世界

「枯れない心」に寄り添う

西尾ゆう子

誠信書房

序　文

　本書の著者，西尾ゆう子さんとのご縁は，西尾さんが京都大学大学院時代の高齢者心理臨床研究会（SENEX）にお招きを受けた時にさかのぼる。熱心な大学院生たちとやりとりしたことが記憶に新しい。西尾さんからお手紙で，ご自身の本の「はじめに」を書くようにとご依頼をいただき，喜んでお受けした。
　本書は，臨床心理学の立場から高齢女性の心にフォーカスをあてた日本初の本として，極めて意義深いものである。
　著者は「女性性」と「精神分析」の二つの視点から，「聴く」ことを中心に据え，事例や調査に基づき，高齢女性のこころを奥深く，詳細に紐解いている。読み応えのある，示唆に富む内容である。対象者は「前人未到とされる超高齢社会の最先端を生きる女性」たち（本文より）である。本書の骨子を以下に紹介する。

　第1章では文献研究がなされ，特にメラニー・クラインの仕事と人生に焦点をあてている。
　第2章では「その年齢なりの女性のアイデンティティ」を知るために七つの質問と半構造化面接を用いて調べた結果を分析している。
　第3章ではTATと語りの分析を行い，老いを生きる女性の心理プロセス，年を重ねるプロセスの検討を行っている。
　第4章では年齢を重ねた女性のからだの変化を，体験とその体験にともなう情緒体験の語り，ロールシャッハ法を用いて分析している。
　第5章では，回想法を用いて「インテグリティ」の検討，バウムテストによって回想法の前後の変化を検討している。

このようにさまざまな臨床心理学的手法を自在に駆使した科学的研究をされながら，目の前にいる女性の言葉を臨床家の視点をもって真摯に「聴く」という姿勢が貫かれる。「老い」がいまだに充分に聴かれない今，西尾さんの仕事は貴重だ。「老い」が聴かれる時，女性の心の世界は変容する。

　本書の原稿を読みながら，以前アメリカの研究者と，ライフレビューの手法を用いて高齢女性にインタビューしたことを思い出していた。当時の研究 *The Changing Worlds of Older Women in Japan* の翻訳は本書と同じ誠信書房から出していただいた。当時私たちがインタビューした女性27人のうち明治生まれが15人で，一番若い女性でも二つの戦争の体験者であった。

　本書に登場する女性は，新しい時代の新しい高齢者である。昭和生まれが大部分を占め，大正生まれの女性も含まれている。30年以上たち，日本の高齢女性は，言い方はおかしいかもしれないが，30歳若返った。現代の高齢者は30年前と共通点もありながら，さまがわりしている。高齢者の臨床や研究は常にアップデートされていかねばならない。アップデートされた高齢女性を理解するためにも，本書が多くの方に読まれることを切望する。

　西尾さんが新しい時代の老年臨床心理学の重要な担い手として，今後の臨床や研究において，このテーマをいかに深めていかれるか，非常に楽しみである。

　　　来世もおんながよろし洗ひ髪　　長谷川照子

2017年12月

　　　　　　　　　　　　　　　　　　　　　　　　　　黒川　由紀子

はじめに

1．古くて新しいテーマ——老い

　先進国を中心に，史上稀にみる高齢化が進んでいる。さまざまな場所で元気に年を重ねる人を見かけるようになり，社会におけるその存在感は政治・経済・芸術など多くの分野で増している。そして，「老い」に対するこれまでの価値観を覆すような新しい文化が形成されつつある。たとえば映画やファッションにおいてもそれは例外ではない。

　フランス映画『みんなで一緒に暮らしたら』(2012)は，老齢の男女5人が，人生の終わりを介護施設で過ごすより気心の知れた友人と一緒に暮らしたいと，共同生活を始めるコメディ・ドラマである。主演は75歳のジェーン・フォンダ。過去の秘密や恋愛も織り交ぜながら晩年を生きるこころの機微をユーモラスに描き出し，ヨーロッパだけではなく日本でも老若男女の関心を集めた。また，米国の女性誌 *Allure*（2017年9月号）で，72歳の女優ヘレン・ミレンのカバー写真とともに「加齢＝下り坂」という風潮に終止符を打つため「アンチ・エイジング」という言葉を使わないという宣言がなされたことも記憶に新しい。

　この本も現代の「老い」をテーマにしている。しかし，「老いるとはどういうことか」という全般的な問いについてはすでに豊かな知見があり，また，加齢が知的機能に及ぼす影響についても多くの研究がなされている。そのような中で筆者が焦点を当てるのは，これまで取り上げられることの少なかった「女性の老い」である。

　これからの日本では，人生の最終段階である老年期を生きる女性や，そのような女性を支援する人が，医療・心理・福祉などの分野でますます増えていく。この本は，高齢者臨床の現場で働く心理職の人をはじめとして，女性の老いに関わる人を読者に想定している。それぞれの関心や問いを深める一助とな

ることを願う。

2. 先入観や偏見を認めながら新たな理解へ

つい最近まで，多くの女性は老年期を迎える前に生涯を閉じた。これまで，老年期女性を対象とした臨床実践や研究に関心が集まりにくかったことの背景には，対象となる人がそもそも少数であったことも一因と思われる。

しかしそれだけではなく，「他の人から顧みられることが少ない」ということは老年期の特徴のひとつである。先に述べたように「老い」に対する価値観は変わりつつあるとはいえ，偏見や先入観もまだまだある。その中には，人の世を長く生き抜いた女性は「生活の知恵に長け，愛情深い」「どこか世俗を超越している」という肯定的なものもあれば，「弱く衰えた」「繰り言・泣き言が多い」という否定的なものもある。だが，少し見方を変えると「知恵」や「超越性」イメージは「そうあってほしい」という若い世代の願望であり，枯れて醜く，さらに扱いにくいイメージは「死」や「老衰」という認めがたいものを，死に最も近い時期を生きる人に背負わせているとも考えられる。

高齢者臨床の現場は「老い」や「死」に対する治療者自身の不安や罪悪感を刺激しやすいため，専門的な訓練を受けた治療者であっても「治療者側の忌避感や高齢者臨床への偏見」が存在するとも言われている（北山・黒川，2009）。だが，治療者が自身の老いや死に対する感情を適切に扱うことができないと，治療者としての機能を十分に発揮することは難しい。そのため，老年期を対象にしたこころの援助に関わる人は，自分自身の老いや死に対する感情や偏見に気づいていることや，新しい発見に開かれていることが必要である。

この本には，筆者が出会った60代から90代の女性約60人の言葉がおさめられている。読者の思う「老い」と，女性たちが語る「老い」を照らし合わせながら，読んでいただきたい。

3. こころの真実に添うために

筆者は心療内科・精神科クリニック併設のカウンセリングルームで働く臨床心理士である。カウンセリングの場では青年期から老年期までさまざまな方にお会いするが，どのような場合でも客観的・現実的な視点をふまえた上で，そ

れぞれに体験されている主観的な「事実」を理解することが大切であると考えている。その立場は本書でも同様である。

これまで「(誰かの) おばあさん」や「(誰かの) お母さん」,あるいは単なる「年をとった人」としてとらえられ,個としての存在に光が当たることの少なかった老年期女性の,生・性の主体としての欲求や葛藤,からだとこころの揺らぎを含めて,それぞれが体験しているこころの真実に添うことを目指したい。

そのため,この本では一貫して「聴く」という手法を用いている。松木（2015）は,「こころ」を支援する職業の人の専門的な聴き方として「こころを理解するための聴き方」があるという（p.8）。それは「語られている内容を文字通りそのまま聴き取るという表面的な聴き方にとどまらず,クライアント／患者のこころの直には表されていないところ,時としてその人自身も気がついていなかった潜在的な思い,こころの奥底に置かれている思いに行き届き,それに触れる聴き方」である（p.8）。

このような聴き方は,専門的な訓練を積み重ねることで少しずつ体得される技術である。熟練した心理臨床家や信頼する同僚らとの対話を重ねて聴くことの技術を磨きながら,老いを生きるこころを理解することを目指した。

4．この本の展開

この本は,次のように展開していく。第1章では,まず,女性のこころと老いを理解するための基本的な視点として「女性性」について述べる。次に,女性精神分析家クラインの晩年を参照して,老年期の女性のこころについて考えていく。そして,女性のこころと発達に関する理論の変遷を振りかえるため,フロイトの女性理解,さらにそれを継承しながら異なる視点で豊かに発展させたクラインとエリクソンの2人の見解について述べてゆく。

第2章から,女性のこころに関する理論をふまえて老年期女性のこころの世界の探究を行っていく。女性が「老い」に気づくとき,「死」を思うとき,「性愛」を感じるとき,そして「人生」を振りかえるときの四つの「とき」をテーマに述べていく。最終章では,老年期女性に対するこころの援助のあり方について述べる。専門的手法を用いた質的研究を下敷きに書かれた内容ではあ

るが，他分野の読者にもわかりやすい提示になることを目指した。心理検査などの詳しい手順は省略しているが，関心のある方は研究論文（西尾，2012；2013；2015；2016）を参照していただきたい。

目　次

序　文　i
はじめに　iii

第1章 ●「女性」と「老い」を理解するにあたって ……… 1
  1．なぜ女性なのか　1
  2．この本の視点──女性性　1
  3．女性性の受容　2
  4．女性性の受容をめぐる葛藤　2
  5．老年期を生きる女性のこころ
      ──メラニー・クライン（1882-1960）の場合　4
  6．女性として生まれ，老いていくことの理論　9
  7．ペニスをもつかもたないか──フロイトの視点　10
  8．豊かな乳房は誰のものか──クラインの視点　11
  9．あらかじめプランされた危機，そして成長
      ──エリクソンの視点　12
  10．理論から日常の現場へ　18

第2章 ●女性が「老い」に気づくとき …………… 21
  1．こころとからだの時差「若くありたいが，実際は……」　21
  2．戻りたいのは50歳⁉　27
  3．「現役の自分」を失う辛さ　28
  4．年をとらない心の領域　29
  5．質問を深め，ともに探索すること　35
  6．新しいかたちの若さ　36

第3章 ●女性が「死」を思うとき──心の変容過程 ………… 41
  1．「個」としての女性と「関係性」における女性への注目　41
  2．心の変容過程　53

3. 死者とともに「今」を生きる　61
　　4. 心奥にある想い
　　　　——TAT（絵画統覚検査）を通した老年期女性の内的世界　64
　　5. 事例検討　66
　　6. 関わりのありよう　71

第4章 ●いつまでも，女だから——性愛を感じるとき ……… 79
　　1. 枯れゆくからだと枯れないこころ　79
　　2. 枯れゆくからだをいかに「みる」か　84
　　3. ロールシャッハ法を通して理解する「女」としてのこころ　90
　　4. 事例検討　92

第5章 ●こころの理解から臨床的活用へ——回想法 ……… 107
　　1. 「私」を紡ぐ語り
　　　　——回想法を通した「インテグリティ（Integrity）」の質的検討　107
　　2. 回想の語りとバウムテストの検討
　　　　——語り手の内的体験を中心に　116
　　3. 「インテグリティ」の女性らしいあり方　123

終　章 ●老年期女性に対する心理的援助に向けて ……… 129

文　献　141
おわりに　151
索　引　155

● Column ●
　フェミニズムと精神分析——フロイトの女性論の可能性　19
　レヴィンソンのライフサイクル研究　38
　人との関わりのありよう——TATを通して見えてくるもの　75
　TAT・ロールシャッハ法・バウムテストについて　104
　臨床家の育成　127

第1章 「女性」と「老い」を理解するにあたって

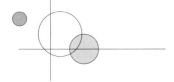

1. なぜ女性なのか

　今日の女性は老いを三度生きると言われている。「親の老い，夫の老い，自分の老い」である（安福，1994, p. 34）。超高齢社会を達成した現代日本では，とりわけ女性は男性より平均寿命が長く，長期化する老年期をひとりで歩む可能性が高い。高齢者臨床の現場である介護施設や病院でも，女性のほうが男性より圧倒的に多数を占めることから「高齢者の問題はすなわち女性の問題」と言われる（黒川，2004, p. 814）。そのため，「高齢者の問題」に取り組むためには「女性」の理解が鍵である。しかし，これまでの研究は，高齢者一般を対象にしたものや普遍的な加齢を問題にしたものが多く，男女差や個人のパーソナリティ特性を考慮した研究はまだまだ限られている。

　この本が「女性」に対象を絞って論考を進めるのは，老いを生きる女性のこころを理解することが現代の臨床現場にとって必要不可欠の課題であるからである。

2. この本の視点——女性性

　「女の子」が「女性」になること，そして他者との関わりの中でさまざまな役割を担いながら年を重ねていくプロセスは多くの点で男性と異なる。女性に特有のそれを理解するために，この本では「女性性」という視点を用いる。

　女性性とは「女性という性がもつ生物学的・心理学的・社会学的な特質」と表される（平島，2002）。つまり，からだとこころ，そして人との関わりという三つの側面から女性の特質を考えていく。

3. 女性性の受容

女の子が，自分が「女性であること」を意識し受容に至るプロセスでは，意識的無意識的にさまざまな情緒が体験される。

まず，思春期のからだの変化として，初潮がある。これを菅（2002）は「女の子から女性への成長過程の中核をなす」という（p. 69）。初潮の訪れは大人の女性の仲間入りとして喜ばしいものとされるが，膣からの出血を初めて体験する少女にとっては，恥ずかしく恐ろしいものとも感じられる。さらに，そのからだは異性を受けいれ，命を育む性としての特徴を徐々に明らかにしながら変化してゆく。この生物学的事実は，女性にとって「他者」や「異なるもの」との関係が，自分自身と密接に関わる問題であることを示唆している。

性交によって女性は，男性のからだと自らのそれの絶対的なちがい――膣と子宮の存在を感知する。性を通した異性との交流の質は，女性としてのからだをもつ自分をいかに尊重する／されるかというこころのありようと重なり合う。

4. 女性性の受容をめぐる葛藤

ブロイアーとフロイトのヒステリー研究をはじめとして，心理臨床家が対峙してきた重要なテーマのひとつに女性性の受容をめぐる葛藤がある。それは，女性としての自身のからだを受けいれられないことや，男性と成熟した関係を築くことに関わる葛藤，そして性役割を担うことに対する抵抗といったかたちで表される。たとえば，アグマンとゴルジュ（1999/2003）によると，やせることで思春期の女性らしい体つきを失くすことが特徴である摂食障害は，その背景に「女性性の拒否」や「男性の視線や興味をひきつけたくない思い」，そして「低い自己評価や孤立感，女性になることの混乱を否認」しようとする心性が指摘される（p. 18）。

日本で行われた事例研究においても，児童期から青年期女性の自傷行為（松岡，2012；布柴，2012），性的行動化（森国，2012），自己臭（髙橋，2012）の背景には「女性性や身体性とも関連するような，深い傷つきや喪失感，基本

的信頼感の揺らぎを伴うような空虚感」が共通しているといわれる（香川,2014, p. 88）。このように，心理臨床の場では，女性性の受容に関わるつまずきを通してその人の抱えるこころの問題が表されることは少なくない。

　では，すでに女性として年月を重ねてきた老年期女性では，女性性の受容をめぐる葛藤は見られないのだろうか。

　クライン（1960/1996）は，発達早期に解決されていない葛藤がある場合，その影響はある特定の危機の段階，すなわち青年期・中年期・老年期において明らかになると述べている。黒川（2004）もまた，老年期女性との心理療法では「幼児期の家族関係の問題に基づく心理的課題，思春期の頃の母親との葛藤，祖父母との関係といった人生早期から高齢に至るまでのすべての期の課題が消えては現れる」と言う（p. 816）。このように，女性性の受容をめぐる困難が老年期に表される可能性は十分にある。

　さらに，老年期女性の「身体性」に関わる問いは重要である。女性のからだは一生を通して変化し続ける。従来，初潮や妊娠・出産，そして閉経といった女性に特有なからだのそれは，単なる生物学的変化というだけではなく「自己への関心や深い心理的変化を含んだ危機のとき」と考えられてきた（武内,2002, p. 151）。それらはイニシエーションとも言われ（東山, 1990），自分の意識や意思を超えた神秘的な出来事ととらえる見方もある。しかし，からだの変化は時とともに生じるが，こころのありようは必ずしもそれに即して変化するわけではない。両者は深く結びつきながらも，その人のパーソナリティや置かれた環境など，さまざまな要因が影響して多様なあり方を示す。

　また，閉経やそれに伴うこころの変化は一時的に生じて完結する出来事ではなく，年月をかけて少しずつ心身の組み替えが行われていくととらえるほうがふさわしい。閉経を迎えた女性は，それ以後平均して30年余の時間を生きるのであるが，老年期女性が経験する「危機」に焦点をあてた論考は筆者の知る限り少数である。生殖機能の終了や加齢による容姿の衰えは自然の摂理であり，女性性の発達・変容の一部であるが，女性はそれをどのように体験するのだろうか。

　そして，老年期の性や性愛を主題にした論の中では，個人差は大きいが，何歳になっても性愛を求めるこころは保たれると言われている（氏原・山中，

1994；山中，1998；黒川，2002；青井，2002）。からだや見た目の変化は他者との関係性，ひいては女性としての自己のとらえ方にどのように影響するのだろうか。以上のようなさまざまな問いを含めて，老年期の女性性への理解を深めることは，老年期女性や老年期女性とともに生きる人へのこころの援助に寄与すると思われる。

5. 老年期を生きる女性のこころ——メラニー・クライン(1882-1960)の場合

　人間が避けられない「生老病死」は，一つひとつが「他の3局面を包含しており，どの一つを取っても，その人の人生の縮図」と言われる（進藤, 2006, p.1317）。

　さてここで，少し突拍子もないと思われるかもしれないが，あるひとりの女性の人生を参照しながら「老年期」を生きる「女性のこころ」について考えてみたい[1]。

　メラニー・クラインは，卓越した精神分析家であり，また，遊びを通して子どものこころを理解するプレイ・アナリシスを確立した女性である。クラインは，フロイトの精神分析理論に女性の視点から洞察を加え豊かに発展させた。具体的には，最早期母子関係における乳児のこころを描き出し，そうすることによって精神病圏のこころの理解を深化させた。また，男性性と女性性の発達について新たな論を唱えた。

　彼女が発見した手法や理論には現在でも多くの賛否両論がある。しかし筆者はクラインほど，自らが女性——娘・妹・妻・母・祖母そして女——であることに深く葛藤し，その苦悩を創造性に変えて知の発展に貢献した分析家を他に知らない。

　この本の論考は，フロイトやクラインの流れを組む精神分析の理論に立脚している。精神分析の各理論は，人間の生死や性愛，無意識の精神生活について思索する中からうまれたものである。その始まりは，岡本（2007, p.4）によると，臨床家が自身の内的体験を深く掘り下げることによる。

---

1) クラインの人生については，セイヤーズ（2015），クリスティヴァ（2000/2013），スィーガル（2004/2007）を参照した。

クラインはひとりの女性としてどのような「老い」を生きたのだろうか。また，その体験は彼女の理論にいかなる影響を及ぼし，後世に何を残したのか。その生き様を検討することで，女性のこころの一生にとって「老年期」がもつ普遍的意味を考察したい。先にも述べたように，心理臨床領域における「老年期」を取り上げた研究は少なく，とりわけ事例研究の数は限られている。「老年期女性」を対象とするこの本において，こころの深層に目を向け続けたクラインの「老年期」を参照することは意義があるだろう。

1．クラインの生病老死

　クラインは，ユダヤ系両親の第4子としてウィーンに生まれた。父は多数の言語を話すことができる博学な人物で開業医として働いていたが，クラインが成人する前に老衰で病死した。父より20歳以上若い母は家計を助けるために小売店を営むたくましい女性であった。クラインには2人の姉と兄がいたが，幼少期に4歳年上の次姉が病死し，青年期には兄が急逝した。多感な時期に遭遇した同胞の病と死は，クラインに計り知れない打撃を与えたと言われる。

　深く慕っていた兄を失った喪失感が癒えぬうちにクラインは兄の友人と結婚し故郷を離れるが，この結婚によって若きクラインが抱いていた医学への志は絶たれた。3人の子どもを授かるものの，実業家で不在がちな夫との関係は冷え，結婚生活は決して幸せとは言えなかった。苦悩を抱える中でフロイトの著書に感銘を受けたクラインは，フェレンツィとの出会いに導かれて才能を開花していく。特に，クラインの子どもの心の発達に関する研究やプレイ・アナリシスを奨励し，後の対象関係論の基盤となる概念を提示したのはアブラハムであった。

　20年間の結婚生活に終止符を打ってベルリンに赴いたクラインはアブラハムとの教育分析を始めるも，2年も経たないうちにアブラハムは病死してしまう。精神的支柱としていた支持者を失ったクラインの悲しみは大きかった。だが，当時ベルリンに留学中であったストレイチーの仲介により，ロンドンで子どもの精神分析に関するレクチャーを行ったクラインは高い評価を受け，その翌年にベルリンからロンドンに移住する。40歳半ばの跳躍であった。

　新天地でクラインは精力的に精神分析の実践・研究・教育を行った。クライ

ンのもとには多くの優秀な分析家が集い，クラインも熱心に弟子を育てた。一方で，息子の突然の死や娘との確執，尊敬する師フロイトから彼女の仕事に支持を得られないことの失意，さらにアンナ・フロイトとの激しい対立などさまざまな苦難を経験し，自分の仕事が生き残れないかもしれないという恐怖にもさらされた。

　しかし，60代以降のクラインは，フロイトとの見解の相違をより明確に主張し，自らのオリジナリティを打ち出すようになった。当時のクラインの一面が垣間見えるエピソードに，次のようなものがある。

　70歳を目前にしたクラインは，自身の被分析者であったストークスからの提案を受け，画家コールドストリームによる肖像画作成を承諾した。コールドストリームは，さまざまな角度から綿密に対象をとらえるため，数十回の回数を重ねてデッサンを行う画家として知られていた。2カ月間にわたってクラインはコールドストリームのモデルとなり，デッサンは順調に進んだ。その絵は途中にもかかわらず，周囲の人から素晴らしい出来栄えであると高い評価を受けていた。しかしクライン自身は強い失望と不満を表した。曰く，絵の中の彼女は実際よりも20歳も老けて見え，メランコリックで硬く女性的雰囲気に欠けるというのである。後世の人々が，クラインが創成した理論とその絵に漂う陰うつな雰囲気を結びつけてネガティブな想像を描くことに耐えられないという理由で，その絵が改善されると約束されない限り，それ以上の協力を拒否するとクラインは告げた。ストークスは，その不満には「女性のうぬぼれ以上」の意味があるとコールドストリームの説得を試みるが失敗に終わり，肖像画制作は頓挫した。

　クラインはコールドストリームが描き出した何に反応したのだろうか。セイヤーズ（2015）によると，確かにその絵には，快活さや異性を惹きつける魅力は感じられない。代わりに，ほとんど死を思わせる雰囲気の中に老いた女性が座っている。同時にそこには，多くの人が未完成ながら高い芸術的価値を認めたように，人の胸を打つ崇高さやこころを病んだ人が胸中を打ち明けうるような空気が漂っていた。しかしクラインは，他者から見出されたそのような自身の資質を受容するより，若々しく女性らしい魅力を備えた存在として——若かりし頃のクラインは男女問わず人を惹きつける魅力を備えていたという——

人々の記憶に残りたいと強く望んだ。それだけではなく，その絵が自身の家の中に存在することにも，後世に残ることにも耐えられず，ストークスに未完成の絵を自宅から持ち出し，破壊することを強く依頼した。ストークスは長い間逡巡していたものの，結局はクラインに従った（実際に絵を燃やしたのはストークスに指示を受けた彼の妻であった）。絵の代わりに残されたこのエピソードから，私たちは老年期を生きるクラインの人となりの一端をうかがい知ることができるだろう。

　70代後半に「羨望と感謝」（1957/1996）を著した彼女は，フロイトが重視したエディプス葛藤を見直し，早期エディプス・コンプレックスの存在を主張している。それは男性性と女性性の発達について新たな発達論を構成し，また，羨望や攻撃性について論じた斬新な論考であった。このようにクラインは晩年まで既成の理論に安住せず，内面に根ざした思索をアグレッシブに推し進めたが，自身の主張と折り合わない場合は長年の朋友であっても決別する激しさも健在であった。

　人生最後の4年間は「児童分析の記録」（1961/1987・1988）の執筆に多くの力が注がれた。自らの原点ともいえるプレイ・アナリシスの記録を見直し新たな考察を加える作業は，自身の人生を振り返り，編み直す作業でもあった。病に倒れた入院先でもその校正に手を入れていたという。

　クラインの最晩年に著された論文は「孤独感について」（1963/1996）である。そこには，孫や友人との交流を楽しみながらも，人生の根底に流れる孤独感や内的な統合への衝迫を見定めようとした探究心や，決別したかつての朋友に向けられた思いがうかがえる。

　入院先で死を悟った彼女は，見舞いの知人一人ひとりにはっきりと別れを告げて手術に臨んだという。そして，スーパーバイジーや患者に関する指示を行い，葬儀の手筈についても意見を述べた後でその生涯を閉じた。クラインの葬儀の時刻に，実の娘は真っ赤なブーツを履いてロンドンで講義を行っていた。最後まで母娘の確執は続き，母娘はそれぞれの孤独を抱えていたのである。

2．クラインから学ぶこと

　クラインの生き様から，老年期の女性のこころについてどのような示唆が得

られるだろうか。

　78歳で死を迎える直前まで，クラインが後世に残る重要な理論を打ち立てていることからは，老いの衰えや死に向かう側面だけではなく，探究と創造に向かう側面がはっきりとうかがえる。クラインはこころの発達について考え続け，また，自らに潜む孤独感の根源を探究した。限りある生命をかけて他でもないその仕事に取り組むことが，「幼児期以来織り合わされてきた人生の諸段階のダイナミクス」（Erikson, E. H., 1986/1997, p. 255）の産物であり，その主体的行為は，個々の人生を全体的まとまりをもった唯一無二のものとする重要な意義をもつと思われる。つまり，晩年であったからこそ成し遂げられた仕事や，発揮された創造性が確かに存在する。そして，クラインの死によって子どものプレイ・アナリシスが終わるのではなく自律的に生き始めたように，本質的な創造は後世に受け継がれて成長していくのである。

　肖像画をめぐるエピソードからは，何歳になろうとクラインが「枯れて」いるわけではなく，むしろ自身の魅力を強く意識していることや，抑うつ的な老いた女性として見られることはとうてい認められない心境がうかがえる。芸術家コールドストリームの感性は，喪失の多い人生と卓越した臨床家としてこころの深みに降りる経験の中でクラインが培ってきた資質を感知したと思われるが，いつまでも若々しく女性らしい存在として人々の心に残りたいという女心までは，くみ取ることができなかったのである。

　セイヤーズ（2015）は自身の肖像画を間接的に破壊したクラインの反応を，分析家の解釈に耐えられず，それを破壊しようとする患者と近しいものがあると理解している。さらにセイヤーズは，クラインが精神分析に残した貢献は，患者のこころの病いの根源にある破壊への不安を思いやり，その破壊衝動を助けるのではなく，患者自身がそれに意識的になることが可能になるように治療的に関わることであったと示唆し，他方で，クライン自身は自分の破壊衝動に耐えられなかったのではないかと鋭く指摘する。確かに，画家の本質をついた「解釈」によって若々しく女性らしい自己イメージを壊されたクラインは，その絵を破壊することによって，自らの望む自己イメージを保とうとしたのだろう。しかし，自らの主張と折り合わないものに対する断固たる拒否の姿勢は，まさにクラインらしい。また，こうした振れ幅や矛盾を自らが生きるからこ

そ，クラインは晩年までこころの無意識的次元における不安や破壊衝動を感知し言語化する能力に長けていたのかもしれない。最後まで和解しえなかった娘や同僚との関係からも，愛情と憎しみの間で揺れ動くこころが推察されるが，思いどおりにならない自他に葛藤するありようは人間らしいとも言える。

こころの発達変容は年齢で完成するのではなく，また，限界が定められるのでもなく，人生のどの段階においても創造的かつ破壊的でありうるのだろう。同様に，老年期に特有の体験——死が目前に現れ出，残された時の短さを思い知ること——をどのように体験するかは，個人にとってまったく未知で新しい体験であり，創造的な面と破壊的な面の両方をあわせもつのだろう。

老年期は，死を見据えた人生の最終段階であるという「歴史性」と，誕生からこれまでに至る生き様をすべて内包するという「全体性」を兼ね備えている。そのような意味で，老年期は中年期の単なる続きではなく，それまでと異なる新しい意味合いを有している。それゆえ，老年期の女性のこころを理解するためには，個人がこの世に生を受けてからどのような人との関わりを生きてきたのか，自分が「女性であること」をどのように体験してきたのか，そして自身のこれまでの生をいかにとらえているのかを理解する必要があるのではないだろうか。

ここまで，クラインの個人史を参照しながら老年期の女性のこころについて検討した。次に，より理論的な面から女性についての理解を深めるために，女性論の歴史をふりかえる。

6. 女性として生まれ，老いていくことの理論

> 「世のご婦人たちはおうおうにして，その性器機能を断念してしまったあと，独特なやりかたで性格を一変させるものである。口やかましく，刺々しく，独善的にもなれば，みみっちく，ケチにもなる，つまり，女性性を失っていなかったかつての時代には見られなかった典型的なサディズム的・肛門性愛的諸特徴を示すのである」 （Freud, S., 1913/2010, p. 199）

フロイトの時代，女性はペニスをもたないために困難な発達を運命づけられ

た未成熟な存在であり，閉経後の女性は女性性を失い，愛嬌のない老女になると考えられていた。それから約1世紀が経とうとしている。社会の変化，とりわけ医療の発展とともに，女性とそのこころの発達に関する理解は劇的に深化してきた。ここでは，その変遷を振り返るため，まず，フロイトの女性論を概観する。さらに，フロイトの理論を継承しながら異なる視点で豊かに発展させた，クラインとエリクソンの見解を取り上げる。

7. ペニスをもつかもたないか──フロイトの視点

もともと両性的素質をもった子どもから，いかにして女性なるものが発達してくるのだろうか。フロイトは人間の心の発達をとらえるために「心理-性的発達」という視点を提示した。これは，人間を性的存在ととらえ，その心的発達をリビドー（性的衝動）の発達と性的な快を感じるからだの部位の変化に注目してとらえる視点である。その中でフロイトは，男女の身体構造の違いがこころの発達に影響を及ぼすと考え，ペニス羨望を中心とした女性性についての一連の論文を発表した（1924a; 1924b; 1925; 1931; 1933）。

フロイトによると，女の子が女性へと発達するプロセスは，男の子が男性へと発達する場合と比べて困難で複雑である。なぜなら，女の子は成長する過程で性感帯（性的な快を感じるからだの部位）と性対象（愛情を向ける人）を二つとも移行しなければならないからである。つまり，生後2～3年目の女の子は自分にペニスがないことに気づくと激しく失望する。そして，ペニスをもたない母親に背を向ける。さらに女の子は自分もペニスがほしいと願い，父親からペニスを与えてもらえるのではないかと期待したり，ペニスの代わりに父親の子どもをほしいと願ったりする。このようにして性感帯はクリトリスから膣へ，愛情の対象は母親から父親に移行する。母親に愛情を向ける前者の時期に女性は女性らしい特性を身につけ，性機能における女性としての役割をこなすための準備がなされる。

以上がフロイトの唱えた女性の前史である。

成人女性のこころの発達に関するフロイトの見解は，30歳くらいの男性と比べて同年輩の女性は心的に硬直しており，女性性に至るためのそれまでの困

難な発達のために，個人としての可能性は残されていないようにさえ見えると否定的である。さらにフロイトは，精神分析的観察による成人女性の心理的特性として，男性より大きな度合いのナルシシズムと羞恥心をあげている。ナルシシズムはもともとの性的劣等性に対する後年の補償として自身の魅力を高く評価せざるをえないことに由来し，羞恥心は性器の欠陥を隠そうとすることに由来する。また，女性は成熟してもなお未熟な超自我しか得られないが，それは，ペニスをもたない女性はエディプス状況から完全に抜けることができないからである。閉経後の女性は，前性器的な肛門サディズム段階に性生活が退行するゆえに女性性を失い，最終的に愛嬌のない老女になる。

このようなフロイトの女性理解には2つの問題点を指摘できる。ひとつは，小児性欲論を重視するあまり，成人期以降の女性のこころの発達や変化の可能性は乏しく，さらに老年期は女性らしさの喪失による人格退行の時期ととらえられている点である。もうひとつは，男性中心の視点，すなわち，ペニスをもつかもたないかという視点で女性の特徴を記述している点である。

8. 豊かな乳房は誰のものか──クラインの視点

クラインは，女性独自の性的発達にふみこむことのなかったフロイトと異なり，女児の女性性獲得における早期母子関係の重要性を唱えた。その特徴的な概念は，女性段階，つまり，母親に同一化する段階における乳児の内的世界の理解である。そこで描き出された母子関係は，次のようなものである。

クラインによると，発達早期の女の子はすでに膣と内的空間が母親と自分の両方にあることに気づいている。女の子は，母親の内的空間には赤ん坊や父親のペニスなどいろいろな豊かなものがあると空想する。そして，母親の中に入り込んでその豊かさを自分のものにしたいと望んだり，自分のライバルのように感じられる赤ん坊を破壊するために母親からそれらを奪うことを空想したりする。こうした空想を抱くことによって，女の子は，自分自身の内的空間もまた攻撃されるのではないかという報復への恐怖を抱く。そのため，女性段階は恐怖と葛藤の感情に彩られている。

クラインは，乳児が（父親の良いペニスを取り込んだ）母の乳房との間で空

想的に実感する早期エディプス状況や，そのような三者関係において乳児が感じる原初的水準の愛憎のありよう，とりわけ母親の再生産能力に抱く母性への羨望を重視した。また，母親の乳房との間に感じられる欲求不満や離乳という剝奪体験をきっかけにして，「母親の乳房」から「父親のペニス」へ（口唇性の）欲求充足を向けかえることによって，愛情対象の移行が起きると考えた。これは，女の子は自分にペニスがないという発見をきっかけに母親から父親へ愛情対象を移行すると述べたフロイトと異なる見解である。

クラインは超自我に関してもフロイトと異なる理解を示した。クラインによると，発達早期の母親との同一化は肛門サディズムの水準がかなり大きく占めているため，幼い女の子は厳しい母親像にならって残酷な超自我を形成する。しかし，母親との同一化の性器愛的な基礎が安定すればするほど，女の子の超自我は寛大な母親という理想像の献身的な愛情によって特徴づけられるようになる。幼い女の子にとって母親との関係が不安をはらんだものであるほど，女性性の発達が阻害されるというクラインの洞察は，ペニス羨望をはじめとする男性中心の女性性理解に新たな視点をもたらした。

このようなクラインの発見には，幼い子どもとの臨床経験に加え，母親として自身の子どもたちを育てた体験も大きく寄与していると思われる。

9．あらかじめプランされた危機，そして成長──エリクソンの視点

ウィーンでフロイト親子から児童分析家としての訓練を受けたエリクソンは，米国に渡った後，独自のライフサイクル論と女性理解を提唱した。その理論は精神分析サークルにとどまらず，広く女性心理学者や社会学者，フェミニストらを触発し，女性の生涯発達理論の創成につながった。

1．ライフサイクル論と老年期

エリクソンは，フロイトと同様に，人間の心の発達は，身体器官とそれに対応する心理的様態の発達が相互に影響し合いながら展開するととらえていた。だが，フロイトとは異なり，その発達は線的に展開するのではなく，階段的に展開すると考えた。つまり，ある特定の時期に特定器官の様態が活発になる

が，同時に，他器官の様態も素地として存在している。また，個人の心身の成長と世代の周期には相互作用があり，個人が世代継承的課題に取り組むことによって「心理-性的発達」が「心理-社会的発達」に変換される。エリクソンはこのような観点から人間の一生をとらえ，ライフサイクル論を提唱した（1950/1977・1980）。

そこでは，八つの発達段階と各段階における「心理社会的課題」，さらに「心理社会的課題」に対置する「危機」が想定され，その対の間で生じる葛藤を繰り返し乗り越えながら個人は成長する。発達の様相はエピジェネティック・チャート（図1-1）に表される。各段階の年齢の幅は明確に定められていないが，その順序は不変であり，男女の分化は第4段階以降とされる（男女の発達の差異については後に詳述する）。

当初「老年期」はおよそ50歳以上と想定されていたが，約30年後に再定義が試みられた。1980年代初頭の米国社会の高齢者人口増加に伴い，高齢者は選び抜かれた少数の「長老」という意味を失い，「大量の年長者」という単なる群を意味するようになっていた。さらに，エリクソンは，理論構築時の自分たちは中年期を生きており，真に老いた者としてそれを想像する気持ちもなければその能力もない頃であったと述べ（1997/2001, p. 80），老年期と乳児期とのつながりや，生死の境界を越えようとする「わたし（I）」の感覚，そして遊び心に満ちた内省的な生について新たに論じた。それは，彼が晩年に展開させた「その先のアイデンティティ（beyond Identity）」（西平，2011, p. 211）思想に関わるものであったが，老衰のため道半ばに終わり，エリクソンの妻ジョアンに引き継がれた。

エリクソンの死後，ジョアンは「老年的超越（Gerotranscendence）」という概念を用いて80歳代後半以降をライフサイクルの第9段階と新たに定義した（1997/2001, p. 181）。老年的超越とは，スウェーデンの老年社会学者トーンスタム（1994）の提唱した概念である。中年期までに個人が培ってきた世界観や暮らし方が老年期に変化し，物質的・合理的視点からより神秘的・超越的視点への移行が起きることや，それによって人生の満足感が増大することを意味する。ジョアンは夫を看取った所感として，第8段階の心理社会的課題"Integrity"や，それを乗り越える過程で醸成される"WISDOM"といった言

Psychosocial Crises（心理社会的危機）

	1	2	3	4	5	6	7	8
Old Age VIII								Integrity vs. Despair, disgust. WISDOM
Adulthood VII							Generativity vs. Stagnation. CARE	
Young Adulthood VI						Intimacy vs. Isolation. LOVE		
Adolescence V					Identity vs. Identity Confusion. FIDELITY			
School Age IV				Industry vs. Inferiority. COMPETENCE				
Play Age III			Initiative vs. Guilt. PURPOSE					
Early Childhood II		Autonomy vs. Shame, Doubt. WILL						
Infancy I	Basic Trust vs. Basic Mistrust. HOPE							

図 1-1 エピジェネティック・チャート (Erikson〈1982〉p. 56-57) より転載（大字と（　）内は筆者による）

葉が，加齢とともに自らが経験していることを何も表していないと，トーンスタムとの私的なやりとりの中で述べたという（Tornstam, 1996）。そして，エリクソンのように，死を目前にして生きる人がどのように日々を感じて生きているかを説明するために，ライフサイクルに第9段階を加えることを発案したのである。

第9段階では，人生を振りかえることは一種の贅沢で，むしろ，ある程度の尊厳をもってその日一日を無事に終えることそのものが成功と考えられる。そこでは，トーンスタムのGerotranscen<u>dence</u>をGerotranscen<u>dance</u>（下線部筆者）と読み替えることで，これまで考えられてこなかった老境の苦難，老衰の過程を乗り越えようとする精神を表せるのではないかと示唆されている（Erikson, J. M., 1997/2001, p. 185）。Gerotranscen<u>dance</u>はジョアンの造語であり，十分な理論化はなされなかった。しかし，老年後期には異なる境地があること，特に心身の調和が失われていく現実を示し，それでも個人がその現実に向き合う中で獲得しうる精神的要素についてさらなる研究の端緒を開いた点でこの試案は注目に値する。

当時よりさらに高齢化する現代社会を生きる私たちは，老年期理論の精緻化と深化を行う機会が与えられており，また，その作業を行う必要があるだろう。

次に，エリクソンの女性論について述べていく。

2．「ペニスをもたざる者」から「女性器をもつ者」へ

エリクソン（1968/1982）は，子宮という空間を有する女性の特徴は「積極的に包容し，受容し，保有し，かつ死守し，抑制する能力」であると述べ（p. 402），性器の構造と機能に着目して男女の心理的特徴の差異を説明した[2]。そして，フロイトの女性論を次のように理論的重点を置き換えて整理した。

すなわち，ペニスの欠損という「外部器官の喪失」は「活力的な内的潜在能力」へと，「母親に対する憎悪に満ちた軽蔑」は「女性としての母親や他の女

---

[2] エリクソンは，心理学者エヴァンスとの対話（1967/1981）の中で，女性は身体の点で基本的に男性と違うことや，女性の自我は身体・役割・個性という複数の要素をひとつに結びつけるという特別な課題をもつことを指摘している。

性との連帯」へと,「男性的活動を受動的に放棄すること」は「卵巣,子宮,膣の所有と調和した活動を目的的に追求すること」へと,そして「苦痛に対する被虐的喜び」は「苦痛を人間的体験や女性の役割の有意義な一側面として耐え忍ぶ（そして理解する）能力」へと,とらえ直すことができる（p. 388-389）。

このように,エリクソンは男性と異なる女性の独自性を積極的に示し,その肯定的な面を表した。しかし,須川（2012）によると,エリクソンの主張は1970年代の北米で,性差を解剖学的宿命と見なすフロイト理論の焼き直しとして誤読され,フェミニズムの批判の矢面になった（TIME, 1975; Millet, 1970; Janeway, 1971）。また,生涯発達心理学の領域でも,エリクソンの主張を批判的に検証する多くの研究がなされている。ここで,その代表的な知見について紹介したい。

3. エリクソンに対する批判的検討

エリクソン（1968/1982）は,女性らしさは「自分の魅力や体験によって内的空間が『心から』歓迎するものを選ぶことができるようになった時に,生まれてくる」（p. 400）とも述べ,女性のアイデンティティは他者との親密な関係の中で目覚め,確立していくと考えていた。性差に関わる彼の洞察はエピジェネティック・チャートに反映されているか,言い換えれば,ライフサイクル論は女性にも適用可能かという議論をめぐり,それまで非常にわずかであった女性の心的発達を主題とした研究が1970年頃より増え始めた。代表的なものとして,次のようなものがある。

最初に,青年期・成人期の女性のアイデンティティ発達について研究を行ったジョセルソン（1973）は,調査対象者に面接して個人史を作成するという手法によって,対象者に共通する発達のプロセスや傾向を抽出した。その結果,男性の場合はアイデンティティの確立後に親密性のテーマが問題となるのに対して,女性の場合は両者が並行して進行すること,つまり,女性は他者と親密な関係をもつこととアイデンティティの確立の間に密接なつながりがあることが示唆された。この研究は,女性のアイデンティティ発達には男性とは異なる特質が見られると主張した点で,女性のアイデンティティ発達研究の先駆

けと位置づけられる。

　次に，エリクソンの研究助手であったギリガン（1982）は，男性中心の視点でつくられた従来の論は女性の心的発達を説明するには不十分であると考え，女性の道徳性をテーマに面接調査を行った。そして，女性は他者に対する配慮と思いやりの感情から道徳判断を行う傾向があることや，女性の自己感は他者との親密性とより深く関わっているという，男性と異なる心的特性を描き出した。さらに，エリクソンのライフサイクル論は発達が「自他分離」と同一視されていると批判し，女性は異性と異なり「アイデンティティの確立」と「他者と親密な関わりをもつこと」の課題は融合しているか，もしくは後者が前者に先行すると主張した。

　他方，エリクソン理論を肯定する研究も存在する。ホースト（1995）や須川（2012）は，上述のギリガンらは，アイデンティティ課題と親密性課題を二分してとらえているばかりか，ライフサイクル論を「他律的で自他未分の存在」から「自律的で自他分離の存在」へと直進的に進展するものとみなしており，行きすぎた単純化であると批判している。

　レヴィンソン（1996）も，幼児期から中年期の女性の人生を分析した結果，男性のライフサイクルと同様の発達プロセスが女性にも見出されたことを報告している。さらに，女性の担う役割の多重性に着目し，仕事・家庭・母親役割のバランスがとれた状態の有職女性は専業主婦よりも幸福感が高く，全体的によりよい心理的状態を示していたという。この研究は，役割の多重性が女性の心理にもたらす影響を示した点や，家族のライフサイクルの危機という視点を提示した点で，それまでにない新しい視点をもたらした。

　そして，成人女性の発達プロセスについて「人生の転換期（transition）」という視点を用いて検討したマーサーら（1989）によると，60代前半は現役引退後に恵まれた時間を再び充足感の得られる活動へ向ける再生・再方向づけの時期と説明され，80歳の転換期は，自分自身や愛する者の不健康という破壊的な要因に見舞われるが，同時に，創造的な活動が満足感と統合性の感覚をもたらすとされている。この研究は，老年期は衰退や喪失に見舞われ死に向かう時期というだけではなく，老年期特有の創造性を有する時期でもあると主張した点で，老年期研究に厚みを加えた。

このように，女性の発達や心的特徴を理解するには，身体的・歴史的・個人的な側面を含む全体的な構造論的アプローチのみが有効であるというエリクソンの主張は，女性の生涯発達に関心を寄せる多くの研究者を触発し，さまざまな議論を生み出してきたのである。

10. 理論から日常の現場へ

ここまで，女性とその心の発達がどのように理論化されてきたのかを概観した。フロイトによって小児性欲論を中心に展開された女性理解は，誕生から死に至るまでの様相をとらえていなかった。また，それは男性中心の視点から行われていた。クラインによって，女性の視点から最早期母子関係における心の発達の洞察が加えられ，女児の女性性獲得の様相が示された。また，エリクソンによって，青年期以降の心の発達が理論化されるとともに，それまで見過ごされてきた人間の発達に与える文化・社会の影響や，他世代との相互作用に目を向けることの重要性が示された。このような知見をふまえて，次章から老年期女性の心的世界を探究していく。

● Column ●
フェミニズムと精神分析——フロイトの女性論の可能性

　人間の性愛や性同一性，そして無意識の精神生活について思索する精神分析は，セクシュアリティやジェンダーにまつわる社会問題に立ち向かうフェミニズムと互いに影響を与え合いながら発展してきた。しかし，フェミニストからは，精神分析的視点による女性のこころの発達，幻想，満足と苦痛といった諸々の理論はあまりに視点が狭く，社会文化的側面が考慮されていないという指摘や，女性の劣等性が強調された偏りのある視点であるという批判もなされてきた。20世紀の精神分析的女性論の発展に及ぼしたその影響を見過ごすことはできない。ここでは，精神分析的な女性理解に対抗するかたちで，第二次世界大戦後のヨーロッパ・北米社会の思想・文化・社会運動に大きな影響を与えたフェミニズムについて紹介したい。

　自らのこころに忠実で自由な生き方を貫いたことによって，フェミニズムの先駆者として位置づけられるのは女流作家アンドレアス・ザロメ・ルー（1861-1937）である。ザロメは，文学者ニーチェやリルケの愛人として文学史に名を残した女性でもある。50歳の時にフロイトと出会い，フロイトや精神分析家タウスクと深い親交を結んだ。精神分析家たちとの交流によってその思想に影響を与えながら，自らも精神分析によって変えられた女性のひとりである。大戦後のフランスではボーヴォワール（1949/1953）が『第二の性』を発表し，大きな注目を集めた。精神分析サークルではラカンとその一派が注目を浴び，哲学・文学・芸術などの領域からも精神分析への関心が高まった。言語論・記号論の女性研究者クリスティヴァもラカンに強い影響を受け，自ら精神分析の訓練を受けて臨床に携わるようになった。そして，文学や政治，女性のアイデンティティなど，多岐にわたる領域で精神分析的視点から発言する論客となり，フェミニズムにも多大な影響を及ぼした。さらに，女性分析家シャスゲ-スミルゲルは，女性のセクシュアリティについて独自の精神分析的観点を提唱し，*Female Sexuality*（1970）は米国でも注目された。

　米国に目を向けると，世界大戦の影響でヨーロッパにいた多くの自我心理学派の精神分析家が渡米し，自我心理学は米国，特にニューヨークの精神医学の中核理論になった。フロイトの女性論は精神分析理論のひとつとして受けいれられたが，やがて激しい議論を巻き起こした。その多くはフェミニス

トからの拒否であり，ペニス羨望は男性優位の理論で，精神分析は男女不平等の社会構造を是認すると糾弾された。そのような情勢の中，ブラム（1977）は Female Psychology を編纂し，米国発のアカデミックな精神分析的女性論として注目された。また，Psychoanalysis and Feminism を著したフェミニストで臨床家であるミッチェル（1974）のように，フロイト理論は女性解放論の敵ではなく，むしろ家父長制を分析する手段として有用とする理解もあった。しかしながら，フロイトやその後継者とみなされたエリクソンへの批判は大きく，TIME 紙にその特集が掲載されるほどであった（TIME, 1975）。本文では，エリクソンの女性論を批判するかたちで，主に北米で唱えられた「女性による女性論」について紹介した。その背景には，フェミニズムの大きな影響があったのである。

1970 年代には女性蔑視の文脈で批判の的となったフロイトの女性論は，医療技術の躍進による妊娠・避妊・出産のコントロールや，女性の人権向上，そして社会進出という変化により，1980 年代以降に新たな目で見直されつつある。北村（2016）は，フロイトの述べる女性の心的発達の特徴として，「ペニス羨望・受動性・女性的マゾヒズム・両性性」という 4 つの概念を整理し，両性性を除く 3 概念はペニスありきの一元論的な論理に基づいている一方，両性性概念のみは当初から異質の原理として含まれていたと指摘する。そして，現在の精神分析の潮流において，この両性性概念を新しい視点からとらえ直す動きが生じており，フロイト自身の探索しきれなかった精神分析的な両性理解のもうひとつの可能性が兆しつつあると示唆している。

国際精神分析協会（IPA）では，1998 年に Committee on Women and Psychoanalysis（COWAP）が設立された。それ以来，女性性／男性性のテーマは，精神分析的探究の公式な場で活発な議論が行われている。"Psychoanalysis and Women Series" と名づけられた一連の書物では，アリザーデ（Alizade, 1999; 2002; 2003a; 2003b; 2006）やアンブロシオ（Ambrosio, 2005）など，多数の分析家が女性性やセクシュアリティについて積極的に発表しており，今後の動向が注目される。

第2章 女性が「老い」に気づくとき

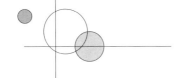

1. こころとからだの時差「若くありたいが,実際は……」

　人は皆老いてゆく存在であると頭ではわかっていながら,いざ自分のこととなると話は別で,若い頃の自分のままのような感覚で年を重ねているという人は案外多いのではないか。「老い」は「老人」のものであり自分のことではない,という感覚を「老いの他者性」という(進藤,2006, p. 1318)。黒川(2003)もまた,臨床現場で出会った百歳の女性が自分自身を老人と位置づけていないことを知り,心底驚いた体験を述べている。

　平木(2002)は,女性は更年期に始まる身体変化によって老化を意識し始めるが,健康であれば老化そのものを顕著に意識する女性はほとんどいないと述べ,老化はプロセスであり,その内容も時期も人により非常に異なると指摘する。そして,老化への対処の仕方には心のありようが大きな影響を及ぼすため,女性は「その年齢なりの女性としてのアイデンティティが必要」と述べている(p. 202)。さらに,「その年齢なりの女性としてのアイデンティティ」を知るひとつの方法として,次の9つの質問項目をあげている。

1. 私は( )歳ぐらいに見えると人から言われる。
2. 私の体は( )歳ぐらいの人と同じだと思う。
3. 私の気持ちは( )歳ぐらいの人と同じだと思う。
4. 私の興味や関心は( )歳ぐらいの人と同じだと思う。
5. 私の日常活動は( )歳ぐらいの人と同じだと思う。
6. 私の服装は( )歳ぐらいの人と同じだと思う。

7. 私は日頃（　）歳ぐらいに感じる。
8. 私は今（　）歳だったらいいなと思う。
9. 私は今（　）歳である。

　回答者は，括弧に直感的に思いつく年齢を書き込んで回答する。回答者が実年齢より若いと思っている面と，年をとっていると思っている面を比較検討することによって，回答者の自己のありようを理解する手がかりとする。一般的に30歳以上の女性は実年齢よりも若く感じ，また，実年齢よりも若く見られることを望む傾向があるという。

　それでは，老年期を生きる女性は，さまざまなからだとこころの変化の中で自分自身をいかにとらえているのか，あるいはとらえ直しているのだろうか。筆者は上述の質問項目を参考にして，老年期女性の自己についての認識調査を行った（西尾，2015）。回答者は65〜75歳の女性25名である。質問の内容はほぼ同じだが，回答者がより直感的に答えやすいように言葉の用い方や順番に変更を加えた。質問項目は表2-1のとおりである。

　25名の回答年齢と実年齢の差を図2-1に表した。
　全体の傾向を要約すると，次のように表される。「気持ちは娘のようにまだまだ若く，現役のつもり。人からも5〜6歳は若く見られる。できることなら

表2-1　「老年期女性の自己についての認識調査」質問項目

	質問項目	質問文
1	主観的感覚	私は日頃　　　　　（　）歳ぐらいに感じる。
2	心理的水準	私の気持ちは　　　（　）歳ぐらいの人と同じだと思う。
3	新奇への関心	私の興味や関心は（　）歳ぐらいの人と同じだと思う。
4	主体的願望	私は今　　　　　　（　）歳だったらいいなと思う。
5	身体イメージ	私のからだは　　　（　）歳ぐらいの人と同じだと思う。
6	自己表象	私は　　　　　　　（　）歳ぐらいに見えると人から言われる。
7	自己活動イメージ	私の日常の活動は（　）歳ぐらいの人と同じだと思う。

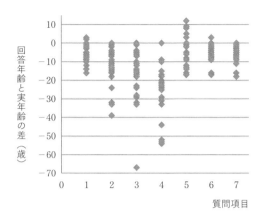

図 2-1　25 名の結果：回答年齢と実年齢の差

50 歳に戻りたい。でも，やっぱり体は年をとり，以前のようには動けなくなった」。

なるほどと頷けるところもあるが，できることなら 50 歳に戻りたいという回答が多かったのは意外ではないだろうか。もっと若い年齢ではなく，なぜ 50 歳なのだろう？

次に，各項目ごとに回答者の言葉を引用しながら検討していく[1]。

1.「私は日頃（　）歳ぐらいに感じる」──〈主観的感覚〉を尋ねる質問

はじめに，自分の年齢に対する「感覚」を尋ねた本項目で，最も多い回答は 60 歳であった（8 名）。また，25 名中 20 名の回答が 60〜70 歳の間に集中した。60 歳という年齢は還暦であり，女性が「老年期」の入口に立つ年齢といえる。だが，たとえば実年齢 69 歳の女性が「この頃やっと 60 になった気持ちがする」と語るように，女性個人の主体としての感覚では「中年期」と「老年期」の移行期にいる人が多いと推察される。

レヴィンソン（1978/1992）によると，ライフサイクルには移行期（ある発

---

[1]　調査対象者は学術研究を目的とした公表を承諾したが，プライバシー保護のため事例の本質を損なわない範囲で一部の事実を要約して掲載した。以後に紹介する研究でも，同様の理由で個人情報を保護するよう努めている。

達期から次の発達期へと移行する時期）がある。0歳から始まる「幼児への過渡期」，17歳に始まる「成人への過渡期」，40歳に始まる「中年への過渡期」，そして60歳代前半に始まる「老年への過渡期」である。移行は単純でも簡単でもなく，個人の生活構造を根本的に変える必要があるため，4〜5年の時間を要する。

こうした知見と今回の結果を比べると，女性の「老年への過渡期」，すなわち中年期から老年期への移行は5年以上の時がかかっており，ゆっくりと進むプロセスであることが示唆される。

2.「私の気持ちは（ ）歳ぐらいの人と同じだと思う」——〈心理的水準〉を尋ねる質問

次に，「気持ち」について尋ねた本項目でもまた，最多の回答は60歳で，25名中12名が60歳と答えた。そのうち，実年齢65〜69歳は6名，70〜75歳は6名であった。他方，6名が実年齢より大幅に若い年齢を答えた（30歳1名，40歳2名，50歳3名）。その中には「自分では若いつもり」と，若い頃と変わらない気持ちで過ごしている人もいれば，「老けようと思ったらいくらでも老けられるけど，残り少ない人生を楽しく過ごしたい」と，若々しい気持ちを保つよう努力している人も見られた。

気持ちの面で約半数の人が還暦を親和的に感じるということは，裏返せば，中年期から老年期のあわいに心理的にとどまっているとも思われ，老年期への移行しにくさが示唆される。60歳を超えた後に年を重ねることには，第二の人生を生きるという意味合いもあれば，今生を終えるというテーマも目前に現れる。そのため，老年期に実感をもって年を重ねていくことについては，特有の難しさがあるのかもしれない。この点は，「老年期の女性としてのアイデンティティ」を考える際に留意する必要があると思われるため，後に詳しく検討したい。

3.「私の興味や関心は（ ）歳ぐらいの人と同じだと思う」——〈新奇への関心〉を尋ねる質問

本項目では，25名中24名が実年齢より若い年齢を答えた。回答最小値は

「好奇心ということでは孫たちと変わらない」という理由で「5歳」であった（実年齢72）。また，40～50代とする回答が他の項目に比して多かった（40歳5名，50歳4名，55歳1名）。50歳と回答した人の中には「50歳の娘とやりたいことをやり出すタイミングが似ている」（実年齢74）と語る人もいた。好奇心や意欲をもって「今」を生きる気持ちは，現役世代の娘や，成長期の孫と変わらぬほどであるという感覚がうかがえた。

「新奇への関心」に「40歳」と回答した女性（実年齢69）は，男性アイドルのコンサートに行くと若返ると述べた。これからも体力が続く限りコンサートに行きたいと言うこの女性は，ともに暮らす夫への感謝は大いにあるが，お見合い結婚で若い頃はときめきを知らなかったと語り，コンサートに行くと若いアイドルが自分に向けて笑ってくれるような気がして興奮するという。この女性は，若く活力に満ちた男性アイドルに，青春時代のような恋心を活性化させていると思われた。一般的に，男性アイドルは女性が男性に抱く理想を体現した非日常的存在である。女性はその年齢にかかわらず，彼らを応援することで，空想の世界で性愛的な願望や欲求を活性化させて楽しむことができる。いくつになっても，女性は憧れの男性を心の中にもつことができ，そうした男性の存在は女性の活力になるとも言える。そこには，老いという現実を忘れ夢見ることや，人生において満たされなかった性愛的欲求の充足という側面もあるだろう。

4.「私は今（　　）歳だったらいいなと思う」——〈主体的願望〉を尋ねる質問

戻りたい年齢を問う本項目において，70歳と回答した女性（実年齢70）は「いろいろな苦労があったが，今が一番満足」と語り，多くの苦労を乗り越えて辿りついた現状に満足している心境がうかがえた。他方，15歳と回答した女性（実年齢69）は「高校に行きたかったけれど，親に反対されて諦めた。できることなら15歳からやり直したい」と述べた。また，「（振り返って）後悔はないけれど反省する点はいっぱい」だから45歳に戻りたいと語る女性（実年齢66）もいて，主体的願望は人生における達成感や満足の度合いと関連していた。

最も多い回答は50歳（11人）で，その理由として「50歳だったら，人生をやり直せる」ことが共通して語られた。やり直したいことは「外国旅行をしたり，新しい趣味を始めたりして，老後の世界を広げる」や，「今とはまったく違う人生を歩む」など，多様であったが，50歳という年齢は，新しいことを始められる，または，やり直しがきく最後の年齢と感じる人が多いようであった。言い換えれば，65歳を過ぎると今の自分を受けいれる他なく，新しいことに挑戦して巻き直しをはかることも，失敗を繰り返すこともできないという，希望を抱きにくい心境がうかがえた。

5.「私のからだは（　）歳ぐらいの人と同じだと思う」――〈身体イメージ〉を尋ねる質問

　図2-1を見るとわかりやすいが，「からだ」の年齢を問う本項目は，他の項目に比べて実年齢より高い年齢を答える女性が多かった。たとえば，外見は若く見られても耳が遠くなり年をとったと感じるという女性や，「心は若いと思うし，孫にはおばあちゃんと呼ばせない。でも，やっぱりからだは年をとっている」という女性，実年齢より高い骨年齢を気にする女性，また，容貌が衰えて寂しいと語る女性等であった。からだの内側の変化に重きを置くか，外見の変化に重きを置くかは人それぞれだが，身体機能の不調が「身体イメージ」に強く働きかけ，それによって女性は，自分が加齢のプロセスを今まさに生きていることに気づかされることが示唆された。

6.「私は（　）歳ぐらいに見えると人から言われる」――〈自己表象〉を尋ねる質問

　他者から自分がどう見られていると思うか，を尋ねる本項目では，実年齢よりも5～6歳若く見られると17名が回答した。また，15歳以上若く見られるという女性も2名いた。実年齢（67）より17歳若く見られると回答した女性は，周りの人からは50代と思われていて，実年齢を言うとびっくりされると語った。筆者も，全体的に若々しい印象の女性が多いと感じたが，その理由のひとつとして，調査対象者は全員が日常的に社会的な場で他者と関わっているということがあげられる。他者という対象を通した自己認識は，化粧・服装を

通して自分の理想に近づける操作が可能である。他者との関わりを重視し，また，楽しむことが可能であることにより，従来の年齢が喚起するイメージより若々しい外見をもつ人が多いことが推察される。

7.「私の日常の活動は（　）歳ぐらいの人と同じだと思う」──〈自己活動イメージ〉を尋ねる質問

　日常活動における年齢イメージを問う本項目では，65歳以上の年齢を19名が回答した。「気持ちは若いつもりでもこの頃ちょっとサボリが多くなってきたからな……」というように，現実に即した回答が多くなったと思われる。他方，実年齢より10年以上若い年齢を3名が回答した。自分の日頃の活動に対して，実年齢が喚起するイメージと大きく離れたイメージをもつ人がいることも示された。

2. 戻りたいのは50歳!?

　前述のように，「4. 主体的願望：私は今（　）歳だったらいいなと思う」において，25名中11名の女性が「50歳」に戻りたいと回答した。若さと可能性に溢れる20代でもなく，仕事や子育てに励む30～40代でもない。老年期女性にとっての50歳という年齢の意味についてここで詳しく検討したい。

　中年期の心の発達についての第一線の研究者である岡本は「50歳の峠を越えると，自己と世界の見え方が急速に変わっていく」と，自らの所感として述べている（岡本，2007，p. i）。岡本は50歳を「峠」と表しているが，「峠」とは山の坂道を登りつめ，上りから下りにかかる境という意味である。下りの歩を進めながら自身の道程を振り返った時，「峠」は確かに道標として思い浮かべる地点である。また，同じ道であっても，上りと下りで目に映る景色は確かに異なって見える。そのような意味で「50歳」は象徴的に，人生の折り返し地点として意識される重要な節目のようだ。

　岡本（同書）によると，中年期は，男女両性にとって身体的・心理的・社会的次元で本質的な変化が起きる危機（岡本，同，p. 17）の時期である。中年期のアイデンティティは危機を経て再び形作られるが，その際には「精神化」

「社会化」「純化」あるいは「俗化」という心の変容が起きる。「精神化」とは，自己の欲求が精神的なものに変化することや，精神生活に大きな比重を占めるようになることを指す。「社会化」とは，自分の体験を自分や家庭の中だけではなく，より広く社会に還元したいという意志や行為である。「純化」とは，自分のアイデンティティにとって中核となるものを最優先にして，アイデンティティを再構築することである。対照的に「俗化」とは，自分が本心では価値があると思う方向へ進めず，より世俗的な価値観に流されることで，心の発達という視点から見ると本来の自分の欲求が阻害され，抑圧されている事態である。

先に，主体的願望は人生における達成の満足度と影響していると考えられることや，主体的願望に50歳と回答した人は，共通してその理由に「50歳だったら，人生をやり直せる」ことをあげたことを述べた。つまり，老年期女性にとって「50歳」という年齢は，それ以前の生き方を俯瞰し，未達成の課題や生きられなかった人生を再考する年齢と言える。そして，今の自身のありようは，50歳の時の自分が何を優先させ，何を犠牲にする生き方を選択したのかということの結果と感じられているようだ。

すなわち，老年期のアイデンティティには，中年期の危機をどのように体験し，アイデンティティをいかに再体制化したのか——50歳という「峠」でそれまでの歩みをいかに俯瞰したのか，あるいはしなかったのか，そして，どのような道に進むことを選んだのか——が影響する。言い換えれば，老年期を自分らしく生きているという感覚は，「50歳」からの日々の積み重ねによって醸成されるのである。

3.「現役の自分」を失う辛さ

一般的に30歳以上の女性は実年齢よりも若く感じ，また，実年齢よりも若く見られることを望む傾向があると言われているが，その背景にはさまざまな心理があると思われる。ある女性（67歳）は，「まだまだ若い頃と変わらず働けるし，働きたいのに，年だけで拒否されるのが辛い」と述べた。この女性は対人援助に関わる専門職として65歳まで働いた後，新しい職場を探したが，

年齢のため不採用となる現実に直面し,「今まで拒否されたことがなかったから余計に」辛く感じたという。この女性の回答は,「1. 主観的感覚」「2. 心理的水準」「7. 自己活動イメージ」の3項目が「60歳」で,また,「3. 新奇への関心」「4. 主体的願望」「5. 身体イメージ」「6. 自己表象」の4項目が「50歳」であった。つまり,この女性にとっては,いまだ中年期と変わらない現役の感覚が強いと思われる。そのため,自らの必然性によって職業を中心とした生活に終止符を打ったというよりも,社会制度と暦上の年齢によって終止符を打たされたと感じており,それが辛さのもととなっているのだろう。その後,この女性は「人と接して何かがしたい」と模索した末,子どもや高齢者に関わるボランティア活動に参加するようになった。これまでとは責任も待遇も異なる立場に戸惑いはあるが,どんなかたちでも何もしないよりはよいという。彼女がその日常と折り合っていくことは,また,職業人としての自分自身に別れを告げ,新たな生活構造をつくっていくことでもあるのだろう。

　この事例から学ぶことは「老年期の女性としてのアイデンティティ」を得るまでには,中年期までに多くのエネルギーを投入して形成したひとつの自己のあり方を手放し,現実に沿って変化していくという心の作業が必要であり,そのプロセスは,嘆きや怒りなどさまざまな心理的葛藤を含むということである。言い換えれば,中年期から老年期への移行期には,「現役の自分」や「社会における居場所」を失う体験があり,喪失を受けいれることと,その人なりの生活を新たに構造化していくことの,二重の困難がある。自分なりに老年期を生きているという感覚は,そのような困難とともに培われていくため,決して一筋縄ではいかないのである。

4. 年をとらない心の領域

　からだや外見,そして日常活動を行う能力では,多くの女性が加齢による変化を感じるものの,内的に感じられる気持ちや,外界に向かう好奇心は実年齢から大きく離れた若い年齢を答える人が多く,年をとらない心の領域があることがうかがえる。ここでは「老い」に関する自覚をいつどのように得るか,またそれをどのように感じるかという点だけではなく,老いてもなお「年をとら

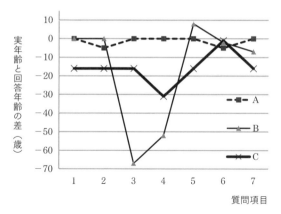

図 2-2 「老年期女性の自己についての認識調査」
A・B・C さんの回答結果

ない心の領域」に着目したい。そのために，3 名（A さん・B さん・C さん）の事例を取り上げて個別に検討を行う[2]。図 2-2 に「事例 A・B・C さんの回答結果：実年齢と回答年齢の差」を示した。また，表 2-2・2-3・2-4 にそれぞれの回答結果を示した。

1．A さん（65 歳，夫と二人暮し）

A さんは専業主婦として中年前期までは家庭を生活の中心におき，「夫のため」「子どものため」に過ごした。子どもの自立を契機に事務の仕事を始めたが，現在はその仕事も退職して年金生活である。A さんの回答は，「2．心理的水準」と「6．自己表象」が「60 歳」で，その他はすべて実年齢と同じ「65 歳」である。

A さんによると，若い頃はエネルギーも見栄もあり，周囲に「負けてはならじ」と良妻賢母の理想を目指していた。夫は外で仕事，自分は家のことという役割分担を引き受け，子育てや家事に人一倍力を注いだ。とりわけ子育てには

---

2) 事例抽出の際には，老年期女性の成育歴の多様性を考慮して，結婚・子育て・就業といったライフコースの点で異なる背景をもつ事例を選択した。さらに，老年期女性の感じ方・認識・体験の個別性を示すため，調査対象者 25 名の中でも特徴的で，おのおの異なる回答パターンを示した 3 名を取り上げた。

自分の理想があり、夫にさえ口出しされるのを邪魔だと感じていた。しかし、63歳を過ぎた頃から「もうしんどいし、片意地はって頑張らなくなった」。子どもを叱咤激励するのではなく、一歩ひいて見守ることが大事と思うようになり、今では子どもが弱音や愚痴を話す時も聞き役に徹している。また、子どもの結婚を見届けた後に就業した職場では、花を活けたり同僚を労う一言をかけたりするAさんのさりげない気配りが仲間に喜ばれ、「私にもできるんだ」と思ったことが生き生きと述べられ、Aさんが主婦として培ってきた気働きの能力を社会で発揮した体験が、新しい自信となったことがうかがえた。

　Aさんはまた、年を重ねるにつれていい意味で力が抜け、「ダメな主婦でいい」と思うようになったことを語った。家事の手を抜くことはそれまでのAさんには考えられないことであったが、今は出来合いの惣菜を食卓に並べることもある。夫が定年退職した後は「お父さんに絶対服従」から解放され、「お互い年金生活になって、平等になった」と感じられたともいう。これまで競争相手と感じられていた同年代の友人との関係も、今では「家事にしろ、夫とのつき合い方にしろ、そんなやり方もあるんだと皆さんに勉強させてもらっている」というように、謙虚なものへと変化していた。

　Aさんの語りから、中年後期から老年前期にかけて大きな心境の変化があったことが理解された。中年前期までのAさんは、経済力のある夫に「服従」しながら、世間体や世俗的価値を重視して競争的に理想の家庭を追求していたため、理想と現実の狭間で葛藤や欲求不満を感じることも多かったと思われ

表2-2　Aさんの「老年期女性の自己についての認識調査」結果

質問項目	質問文	回答年齢
1　主観的感覚	私は日頃	（65）歳ぐらいに感じる。
2　心理的水準	私の気持ちは	（60）歳ぐらいの人と同じだと思う。
3　新奇への関心	私の興味や関心は	（65）歳ぐらいの人と同じだと思う。
4　主体的願望	私は今	（65）歳だったらいいなと思う。
5　身体イメージ	私のからだは	（65）歳ぐらいの人と同じだと思う。
6　自己表象	私は	（60）歳ぐらいに見えると人から言われる。
7　自己活動イメージ	私の日常の活動は	（65）歳ぐらいの人と同じだと思う。

る。中年後期から仕事に就き，より社会的な場でAさん自身の能力を他者から認められる体験を得たことや，夫の定年により夫婦役割の見直しが行われたことによって，「今の自分」を肯定する感覚が醸成され，競争的に理想を追求するあり方を手放すことが可能になったようだ。夫を家に残して友人と旅行することや，自分の興味や健康のために習い事を始めて友人をつくることは，Aさんにとってまったく新しいあり方だった。Aさんの老年期に体験されている「新しいかたちの若さ」とは，老いによる制約を感じながらも，肩の力を抜いて自分らしく生きることとも言える。

　一方でAさんは，「ボロボロにはなりたくない。体の面でも，心の面でも，人並みにはきれいでいたい」と言い，時々美容形成を考えては思い直すとも語った。そのように，実際の年齢より若く見られたい気持ちや，少しでも「きれい」でありたい思いはあるものの，他者の優位に立とうとがむしゃらに努力した中年期とは異なり，老年期のAさんには，理想と現実の差，そして自他の差をより現実的に認め，あるがままの自分自身を肯定する感覚があるようだ。

2．Bさん（72歳，夫と二人暮し）

　Bさんは結婚し子育てをしながらある企業で定年まで勤めた後，現在は夫と二人暮らしである。退職後に二つの新しい趣味を始めたBさんは，その楽しみを次のように語った。まず，「夫と共通の趣味をもちたいと思って将棋を始めた。男女平等に人と対戦するのが楽しい」「将棋の打ち方から自分の欠点が見えてきて嬉しい」。そして，「友人に誘われて始めたコーラスは，音符を覚えたり，歌を覚えたりするのが楽しい。それに，年がいったら自分の姿を客観的に見ることがないけれど，おしゃれな女性メンバーと一緒にいると，自分も少しは身繕いに気を使うことができてありがたい」。こうした言葉から，Bさんが夫と新しい関係を築くことを意識していることや，仲間と楽しむ時間をもつこと，そして他者の目を通して自分自身をとらえ直すことを日常的に行っていることがうかがえる。また，現役時代の対人関係では隔たりとして機能していた社会的立場や性差を超えて，自由に人と接することを楽しむ心境も感じられる。

Bさんの回答は,「1. 主観的感覚」「2. 心理的水準」「6. 自己表象」は実年齢とほぼ同じであるのに対して,「3. 新奇への関心」が5歳,「4. 主体的願望」が20歳, そして「5. 身体イメージ」が80歳と, 大きなばらつきがみられる。Bさんによると「3. 新奇への関心」が5歳であることについては, 幼稚園に通う孫たちと接する「生活がそうさせている」という。孫と話していると「ものすごく賢い」と感じる時がある。また, 季節の行事ごとに幼稚園に呼ばれてお遊戯に参加したり, 孫たちの好きなもの, たとえば鈴虫やクワガタといった生物や, 朝顔などの植物を一緒に見たりしていると, 自然に孫たちと同じ目線になっていく。だから, 好奇心に関しては「孫たちと変わらない」のである。クライン (1960/1996) は「人生の後の段階での満足するひとつの方法は, 若い人々の快楽, とりわけ自分の子どもたちや孫たちの快楽を自分の快楽の代理として楽しむことの中に見つけられる」(p.130) と述べているが, Bさんもまた, 孫たちの快楽を自分の快楽として身近な世界と関わり, 幼子と一緒に心を躍らせているようだ。Bさんの老年期に体験されている「新しいかたちの若さ」とは, 新しい人間関係を築くことや,「5歳」の目線で世界を体験すること, そして自分自身の新しい側面を五感を通して発見し, 吸収することの楽しさとして感じられている。

一方で, Bさんは「気持ち自体は年相応。人を思いやる気持ちももっていると思う」と語り, さらに「年寄りと話していると, (自分は) この人よりもっと年をとっている」ように思う時もあるという。そして, もし戻れたら「20

表2-3 Bさんの「老年期女性の自己についての認識調査」結果

	質問項目	質問文	回答年齢
1	主観的感覚	私は日頃	(72) 歳ぐらいに感じる。
2	心理的水準	私の気持ちは	(72) 歳ぐらいの人と同じだと思う。
3	新奇への関心	私の興味や関心は	(5) 歳ぐらいの人と同じだと思う。
4	主体的願望	私は今	(20) 歳だったらいいなと思う。
5	身体イメージ	私のからだは	(80) 歳ぐらいの人と同じだと思う。
6	自己表象	私は	(70) 歳ぐらいに見えると人から言われる。
7	自己活動イメージ	私の日常の活動は	(65) 歳ぐらいの人と同じだと思う。

歳に戻れたらいいなあと思うわね」と感慨を込めて述べた。身体イメージに関しては，体力の衰えを感じるという理由で80代に近づく夫と「一緒くらいに思う」と語った。このように，さまざまな人生経験を経た上で幼子の感覚と老いの意識をあわせ持つこと，そして，若かりし20歳の頃に郷愁に似た思いを強く感じていることがBさんの特徴であろう。叶うことなら「20歳」に戻りたいという思いの詳細は語られなかったが，自身の来し方を振り返ってもの思うさまざまな情緒が感じられた。

3．Cさん（66歳，夫と二人暮し）

専業主婦として子育てや家事に携わってきたCさん（66歳）は，子どもの頃に習い始めた楽器演奏を今も趣味として続けている。また，手芸教室に通い出して10年以上になる。さらに，歴史と自然に関する二つのカルチャー教室に参加したり，ボランティア活動やスポーツクラブにも行っている。そのため，毎日が「めちゃ忙しく」，自分が60代後半とはとても思えないという。

Cさんの回答は50歳が大半を占めているが，それは，「自分が60とは感じられないし，スポーツもできている」からである。また，「4．主体的願望」の項目で迷った末に35歳と回答し，「35歳だったらスポーツがもっと強くなれると思うから。やっぱりスポーツは年齢がものをいう。それに35歳だったら，もっと違ったふうに子育てができた」と語った。一方，65歳と回答した「6．自己表象」については，「電車やバスで席を譲られることもあり，見た目は年相応だと思う」という。このようにCさんは，日頃の自分は50歳と感じ，さらに，心の中では35歳に戻る願いをもっていたとしても，他者の目に映る自分は年相応であると納得している。主体的に感じる年齢と客観的な年齢の間には15年ほどのギャップがあるが，「いろんなことに興味をもって，毎日忙しく生活している」ことがCさんの特徴といえるだろう。実際，Cさんは，上記にあげた趣味やボランティアの他に，定期的に地域の教育活動にも参加しており，調査対象者の中で最も忙しいひとりと思われた。そんなCさんに「これからも続けていきたいことは何か」と尋ねたところ，「いろいろなことをやってきたが，なかなかものにならない。音楽や手芸で指導者の立場になり，収入を得たいと思うこともあったけれど，専門的訓練を受けているわけではな

表 2-4　Cさんの「老年期女性の自己についての認識調査」結果

質問項目		質問文	回答年齢
1	主観的感覚	私は日頃	（ 50 ）歳ぐらいに感じる。
2	心理的水準	私の気持ちは	（ 50 ）歳ぐらいの人と同じだと思う。
3	新奇への関心	私の興味や関心は	（ 50 ）歳ぐらいの人と同じだと思う。
4	主体的願望	私は今	（ 35 ）歳だったらいいなと思う。
5	身体イメージ	私のからだは	（ 50 ）歳ぐらいの人と同じだと思う。
6	自己表象	私は	（ 65 ）歳ぐらいに見えると人から言われる。
7	自己活動イメージ	私の日常の活動は	（ 50 ）歳ぐらいの人と同じだと思う。

いし，性格的にも積極的になれなかった。これからは，自然に関わることが一番いいと思っている」という返事であった。

　Cさんは，自分の活動や才能を家族や友人といった私的な領域にとどめるのではなく，社会に還元する「社会化」（岡本，2007）の欲求をもちながらも，その欲求を満たすことができなかったことの欠乏感があるようだ。うがった見方かもしれないが，過剰とも思われる忙しさは，欲求が満たされないままに老いていくことへの焦りや加齢の否認という側面があるのかもしれない。しかし，Cさんは「今後やりたいこと」として「自然に関わることが一番いい」と述べている。まさにこれから老年期に入ろうとする66歳のCさんは，多くのことを試してきたこれまでのあり方を修正し，今の自分にふさわしい生活のバランスを新たに選び取ろうとしているのかもしれない。その模索は，自分らしく老年期を生きることにつながるプロセスの一部ととらえられる。

5．質問を深め，ともに探索すること

　事例検討を行った3名とも，実際の年齢と主体的に感じられる感覚としての年齢にはずれがあり，そのずれをさりげなく抱えてそれぞれの日常を生きる様子が見られた。平木（2002）は，回答にある程度一貫性が見られることは，外見，体，感じ方，活動の仕方などが実際の年齢と一致していることを表すため重要であると述べているが，老年期女性の場合にも，それはあてはまるだろ

うか。

　事例検討で取り上げた A さんは，実年齢と回答年齢がほぼ同じという特徴を備えており，一貫性があると言える。しかし，その回答の理由を尋ねていくと，年齢相応に自己をとらえていることだけではなく，「人並みに平均的であること」を望む心性や年を重ねることへの否定的な感覚も含まれていると思われ，必ずしも「外見，体，感じ方，活動の仕方などが実際の年齢と一致している」ことを表すとは言いがたい。さらに，B さんや C さんは，実年齢と回答年齢の間に大きな差があり，質問項目間でもばらつきが見られたが，回答の理由を尋ねると，両者は大きな違いがみられた。B さんは心理的に老若の感覚を内包している一方で，C さんは加齢の実感が少ないことが示唆された。

　こうした事例から考えると，老年期女性においては，回答年齢に一貫性がみられることが重要なのではなく，その回答の主体的感覚を探索することこそが重要と思われる。今回の調査では，面接の中で調査対象者に質問に答えてもらい，筆者から回答の理由を直接尋ねるという方法をとった。直接回答の理由を尋ねることにより，回答者が普段はあまり意識せずに過ごしている側面，すなわち，意識的・無意識的に使い分けている老年期女性としての社会的な自己と，内的に感じられている主体的感覚のギャップについて探索することが可能になったと思われる。回答にまつわる想いを探索するうちに，女性個人が老年期までにどのような人生経験を重ねてきたのかも共有され，一人ひとりの特徴をふまえた総合的理解が可能になった。ここに，一人ひとりの固有の体験に関心を向け，ともに探索することの大切さが理解される。

6. 新しいかたちの若さ

　レヴィンソン（1978/1992）は，老年期の課題は「老年期にふさわしい新しいかたちの若さをもち続けること」（p. 75）であり，そのためにはそれまでの生活構造の修正が必要であると述べている。さらに，老年期においても「若い活力，自己および外界での成長力とのつながりを失わない限りは，さまざまなかたちで創造的で賢明な年長者となれる」（p. 75）ともいう。ここでは，レヴィンソンの言う新しいかたちの若さについて考えてみたい。

3名の事例検討から，中年期までの社会的活動に一区切りをつけ，友人や孫との関わりを通して自分なりに楽しむ時間をもつAさんやBさんには，老いの感覚とともにみずみずしい生の感覚が含まれていることが理解された。他方，中年期までの活動に参加し続けて毎日を忙しく過ごしているにもかかわらず，なんとなく充足感を得られないというCさんのような事例も見られた。

　ここから示唆されるのは，「老年期の新しいかたちの若さ」とは，どんなかたちであれ，自分自身が老いの実感を明らかにもつことや，その実感をもとにして暮らし方を変えていく中で発現するということである。その若さとは，みずみずしい生の感覚とも言えるだろう。自分が「年をとった」と深く感じることから「新しいかたちの若さ」をもつことができるというのは，逆説的である。だが，それこそが人のこころの面白さ，不思議さである。老年期は，老いと若さをあわせ持つことでより豊かになる。まったく「若い頃のまま」「年をとったと感じない」ことは，すなわち，老いを受けいれるこころの態勢が整っていないことを表し，その人が本来もつ創造性を発揮できていないのかもしれない。

　臨床の場で老年期女性に接する場合，たとえ見た目では年齢を重ねているように見えたとしても，生き生きと活性化しているこころの部分があることを慮り，各人のありように寄り添う態度が求められる。逆に，たとえ見た目では年齢を重ねていないように見えたとしても，老いを感じているこころの部分や，老いを感じないようにしているこころの働きもある。たとえば，前述した7項目の視点を用いて対話を重ねることにより，個人が現在自分をどう見ているのか，どのような思いで暮らしているのかということを多面的かつ立体的に理解する手がかりが得られる。老いのこころを理解し支援しようとする時，その複雑さに対する感受性をもつことは大切である。

　次章では，老年期を生きる過程で女性がどのような心理的変化を体験するのかについて，より詳細に検討したい。

● Column ●
レヴィンソンのライフサイクル研究

　筆者が研究計画を立てる中でとても参考になった知見について，ここで紹介したい。それは，「聴くこと」を中心に据えて行われたライフサイクル研究，レヴィンソンの論考である。

　アメリカの心理学者レヴィンソン（1978/1992）は，「おとなであるとは，どういうことなのか」という問いを掲げて質的研究を行った。研究の対象者はさまざまな職業から選ばれた35歳から45歳までの男性40人であった。レヴィンソンは，ひとりにつき1〜2時間の面接を5〜10回設定し，個人史を聴き取った。そして，40人の個人史を丁寧に比較検討した結果，中年期を生きる男性には仕事・家庭・心の面でさまざまな難問が降りかかるが，そこにはライフステージ特有のプロセスと特徴があることを理解した。1996年には，同様の手法を用いて成人女性のライフサイクルと心的発達をテーマにした研究が行われ，男性と同様の発達プロセスが女性にも見出されたという。

　レヴィンソン（1978/1992）は，自身の手法について次のように述べている。「面接でその人の個人史を語ってもらうという方法は，調査面接，臨床的面接，友人間の会話という三つの面をあわせ持っている。特定のいくつかの話題について質問しなければならない閉鎖的調査面接と同じように，その主目的は調査することにある。また臨床的面接の場合と同じく，面接者は相手の言葉や表情に表れた感情を敏感に察知し，話題が変わるたびに相手の言わんとするところの筋道を追う。そしてさらに友人間の会話と同じく，面接者と被面接者は対等の関係にあり，面接者はみずからの体験に照らして自由に応答する。しかも両者は一貫した作業課題で，それぞれ決められた役割を果たすのである」（p.41）。レヴィンソンは，面接で人生史の聴取を行うとともに，TATも施行している。その目的は，語りでは意識的・無意識的に避けて通ったかもしれない側面についても理解を深めることであった。

　この本で紹介する筆者の研究でも，老年期女性の「語りを聴く」ことを中心に据えている。それに加えて，質問紙法と投映法を用いている。質問紙は対象者の発想を広げ語りを触発するとともに，対象者の共通性の理解と特徴的事例の抽出に役立つ。投映法は，レヴィンソンが述べるように，意識的に行われる語りでは見逃したり避けて通ったかもしれないことにも理解を行き

届かせるために有用である。さらに，バウムテストとTAT，そしてロールシャッハ法という，異なる投影水準の技法を組み合わせて用いることによって立体的な理解を目指している。

第3章 女性が「死」を思うとき
——心の変容過程

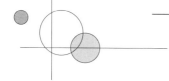

　日本では「還暦」という60歳を祝う節目があり，さらに65歳になると行政や医療の領域で「高齢者」と区分される。しかし，前章でも示されたように，加齢という事実と心理的に「年をとる」ことの間には時差があり，どのように自分の年齢を感じるかということにその人らしさが現れる。

　本章では，「老年期の女性が年を重ねるプロセス」や，「そのプロセスを生きる女性のこころ」についてより深く探究したい。老いは普遍的なテーマであり，本章の結果の中には既知の事実も多いと思われる。他方で，対象とするのは，「モデルなき長寿社会」（岡村，2010, p. 179）の最先端を生きる女性たちであるため，前人未到とされる超高齢社会の最先端を生きる女性ならではの新しい知見が得られることや，その知見が臨床現場におけるこころの援助に役立てられることが目指される。

1. 「個」としての女性と「関係性」における女性への注目

　岡本（2008）によると，女性のライフサイクルは男性に比べてはるかに複雑である。女性は，身体的，心理的，社会的次元のいずれにおいても「生み・育て・支える」営みに深くかかわるため，「個」としての自分と，「他者とのかかわり」のはざまで揺れることが多いためである。

　男性の場合は，職業を柱として人生が展開していく人が多い。それに対して，女性は結婚・出産／子育て・職業と家庭の両立・介護など，青年期以降も生き方そのものが変化するライフ・イベントが多くある。しかも，女性は必ずしも自分の希望を優先して生き方を決定しているわけではない。夫や家族など

大切な他者との関係性を重視することによって,「個」としての自分の希望を断念することや,後回しにすることも多い。

その特質は,老年期の女性にもあてはまる。先述のように,女性は「親の老い,夫の老い,自分の老い」という三度の老いを生きると言われる(安福,1994, p. 34)。他者の老いを支えながら,あるいは支えた後に「自分の老い」を生きる女性の老年期がどのような様相を帯びるのか。それは,眞砂(1994)も言うように「老いを生きるこころをどんな関係の中で誰と共有するかにかかってくるといっても過言ではない」のである(p. 70)。

そこで筆者は,65歳から93歳の女性31名に面接調査を行い,女性がどのような心理的テーマを「個」として生きているのか,そしてどのような「関係性」の中で誰と老いを共有しているのかを理解し,各自の「老い」のプロセスを貫く普遍的現象のモデル化を試みた。さらに,語りでは意識的無意識的に避けられる可能性がある側面についても理解を深めるため,TAT(Thematic Apperception Test)を行った。TATについては次節に詳述する。

1. モデル図

得られた語りは修正版グラウンデッド・セオリー(木下,2007)を用いて分析した。その結果を「老年期女性の心の変容過程——個と関係性の二側面によるモデル図」(図3-1)に表した。モデル図の〈1～3〉は次元,『　』はコア・カテゴリー,【　】はカテゴリー,本文中の〈　〉は概念,#は事例番号を表す。また,モデル図にある概念の詳しい説明を表3-1とした。

2. モデル図の検討

ここでは,調査対象者の語りを引用しながらモデル図について検討する。

コア・カテゴリー『自分の死を思う』については,次に事例検討を行う中でさらに検討を深めたい。

〈1. 心の変容をうながす体験の次元〉

老年期の女性は,「まだ気持ちは若いんですけどね(#4)」「嘘,いつのまに90になったの。どこかで数え間違えたんじゃないのって,驚きました。な

モデル図の見方：┌--┐は個，□は関係性のカテゴリー，▢はコア・カテゴリーを表す。各カテゴリー上部にカテゴリー名，内には概念名が記されている。〈1～3〉は変容過程の3つの次元を表す。

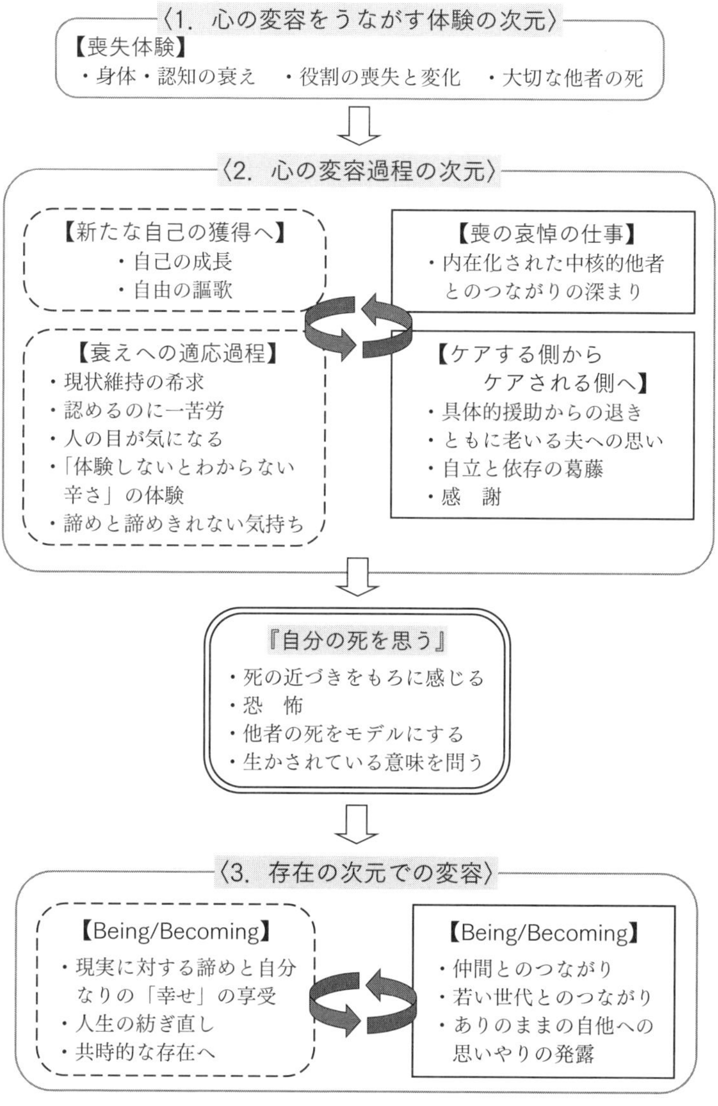

〈1．心の変容をうながす体験の次元〉
【喪失体験】
・身体・認知の衰え　・役割の喪失と変化　・大切な他者の死

⇩

〈2．心の変容過程の次元〉

【新たな自己の獲得へ】
・自己の成長
・自由の謳歌

【喪の哀悼の仕事】
・内在化された中核的他者とのつながりの深まり

⇅

【衰えへの適応過程】
・現状維持の希求
・認めるのに一苦労
・人の目が気になる
・「体験しないとわからない辛さ」の体験
・諦めと諦めきれない気持ち

【ケアする側から
ケアされる側へ】
・具体的援助からの退き
・ともに老いる夫への思い
・自立と依存の葛藤
・感　謝

⇩

『自分の死を思う』
・死の近づきをもろに感じる
・恐　怖
・他者の死をモデルにする
・生かされている意味を問う

⇩

〈3．存在の次元での変容〉

【Being/Becoming】
・現実に対する諦めと自分なりの「幸せ」の享受
・人生の紡ぎ直し
・共時的な存在へ

⇅

【Being/Becoming】
・仲間とのつながり
・若い世代とのつながり
・ありのままの自他への思いやりの発露

図3-1　老年期女性の心の変容過程——個と関係性の二側面によるモデル図

表3-1　老年期女性の心の変容過程——個と関係性の二側面によるモデル図

	カテゴリ名	要　約	例示の語り （語りの前の#番号は事例番号を表す）
コア・カテゴリ	自分の死を思う 身近に迫った自らの死や、死ぬまでのあり方について、さまざまな思いをめぐらせる過程。	身近な他者の死が自分の死の現前化を告げ、死の恐怖を感じる。生かされている意味を問いつつ、限られた時間をいかに生きるか。	**死の近づきをもろに感じる**（#5）お友達とか、お友達のご主人が亡くなられるでしょう、自分もね、もろに感じるようになります。 **他者の死をモデルに**（#10）（母は）「何だか私は遠い所に行きそうな気がするよー」って言って、目をつぶって死んじゃった。私もあんな死に方をしたいけど、できないかしら。 **恐　怖**（#22）皆、ころんころんって亡くなって白骨死体で発見されて。もし、私がこの家で倒れたらって、心配、いつも思って。 **生かされている意味を問う**（#31）長生きは良いことなのかしら。何の業があって生きてるのかな、まだ何をしないといけないのかなって思います。命を終わるって、もう大仕事。
個の側面	衰えへの適応過程 身体・認知の衰えを感じ、葛藤を経験しつつも、適応していく過程。	最初は見ないふりをしたり、遠ざけたりしていた衰えが、徐々に暮らし方の変更を余儀なくされるほどのものとなる。諦めの境地が訪れる。	**現状維持の希求**（#4）一番の願望は、今の状態が続けばいいわけ。 **認めるのに一苦労**（#6）だんだん動作が鈍くなって、「何年か前はこれくらい1日でできていたのに」と思うことがたびたびあります。それを認めるのが一苦労です。 **人の目が気になる**（#10）腰が痛くなって、人の目に見えるでしょう。だからね、人前に出たくなくなった。すぐこうやって（前に屈む）しまうのね（笑）。 **「体験しないとわからない辛さ」の体験**（#19）皆80までは生きなさい。そうじゃないと私たちの年をとる苦しさがわからないから。70は70の体験、80は80の体験。辛いよー。 **諦めきれない気持ち**（#31）勝手に動けないのが、一番苦痛。「まだいけそうだ、できそうだ」という気持ちが残っているから。いい加減、諦めたらいいのに。

表 3-1　老年期女性の心の変容過程——個と関係性の二側面によるモデル図（続き）

	カテゴリ名	要　約	例示の語り （語りの前の＃番号は事例番号を表す）
個の側面	家族内や地域での役割喪失，仕事の引退から新たな自己の獲得へ。	家族内での役割変化により，自分の時間を楽しむ「花」の時期。	**自己の成長**（#19）末子の卒業式に出た後，山に万歳と叫んで。子育てをしている時は，学校以外，銀行にも行ったことなかった。子育てが終わって全部私の時間になったから77歳まで30年間地域の役員をして，毎日が嬉しかった。自分で選んで，楽しんでしたこと。 **自由の謳歌**（#31）60，70，80代まではまあ花でしたよ。子育ても済んだし一人暮らしになって，もう何にも拘束されないで，行きたい所に行くし，自分がしたいことをして。
	Being/Becomingありのままの自分でいること／ありのままの自分でいることによって自然に生まれる心理的変化。	人生の振り返りは，後悔と納得の繰り返しでもある。	**人生の紡ぎ直し**（#24）若い頃は地獄。眠れない時に思い出して，よく我慢した，強かったねって思うの。 （#26）ご恩返しを自分流にしたんだなあって思って。だから何も，ひっかかるものがないんですよね。自己満足っていうんですか。
		自分に今与えられているものをわきまえ，その中で幸せを見つける。	**現実に対する諦めと自分なりの「幸せ」の享受**（#12）まあ自分なりに（笑）幸せよね，幸せと感じないと，逆に「あー」って不満ばっかり言ってたら……。今日元気に過ごせた，ありがとうっていうふうに毎日過ごしてます。 （#31）幸せの中に文句がある。でもこれ以上，欲張りだーってね。
		過去と現在が重なり合う感覚に。	**共時的な存在へ**（#19）子どもの頃なんか，懐かしいよねえ。つい昨日のことのように覚えてる。
		衰えゆく日常の中で，自分なりの「生き生きとした時間」を創造する生の営み。	**自分なりの楽しみや工夫による生の創造**（#11）今日一日，袖一枚縫えば，これでけっこういいんだって，ちびりちびり。それが楽しみなんですよ。手を動かせばどうにかなると思って。そんなふうにして生きています。 （#19）55年間，同じぬか床に野菜を漬けて。もう昔の菌は残っていないけど50年前があって今があるんだと思って。私と一緒だと思わない？　余り野菜でおいしいのが漬かってるよ。

表 3-1　老年期女性の心の変容過程——個と関係性の二側面によるモデル図（続き）

	カテゴリ名	要　約	例示の語り （語りの前の#番号は事例番号を表す）
関係性の側面	喪の哀悼の仕事 大切な他者の死を，それぞれの方法で受けとめる過程。	自分の存在が揺さぶられるほどのショックを通り抜けた後も，大切な他者との対話は続く。その絆は生きる力となる。	**喪の哀悼の仕事**（#12）一番ショックを受けたのは主人が亡くなった時の，もう，明日から私どうなるんだろう，ってね。仲良く歩いているご夫婦を見ると，ああ，世の中の男性が全部死んでくれればいいのにって思う時期がありました。 **内在化された中核的他者とのつながりの深まり**（#26）（戦死した）あなたのいうとおり立派に生きます，子どもみたいに「ご主人様に褒めてもらいたい」，そういうことだけで生きてきたような気がするの。今は「田舎っぺの小娘がよく育てたんじゃないですか」って言いたい。娘が私の生き方を肯定してくれたということは，亡くなった主人もそうだと思うの。
	ケアする側からケアされる側へケアする立場からケアされる立場への変化をさまざまな思い・葛藤を抱きながら体験する過程。	感謝とともに他者からのケアを受けられるようになるまでには，ケアの担い手との関係の複雑さも加わり，自立と依存の葛藤が大なり小なり訪れる。	**具体的援助からの退き**（#9）通りかかって変なのがおれば，平気で「だめよ」とか言うほうだったんだけど，今は「もう，いいや」って。自分を守ることがやっとこさで，なるべく人に迷惑をかけない人生にしたいっていうほうが強くて，人様の面倒までは。 **自立と依存の葛藤**（#4）気構えとしては，なるべく自分のことは自分でしなければっていうのはいつも頭にあります。自分ではまだ，娘にでも，息子にでも，弱みは見せていません。 （#22）仏壇の前で泣く晩も多いですよ。「誰に頼ったらいいんだろうかー」って。 （#31）家にいれば，極端に言えば座敷牢ですもん。お友達なんかも皆，あたしと同じで監視つき。「早くお迎えが来て」ってお祈りをしてるって。「もう用なしだもんね」って。 **ともに老いる夫への思い**（#15）少しでもお父さんより長生きしないとって思っています。 **感　謝**（#25）ここまでこれたのは皆さんのおかげ。恩返しなんて難しいことはできないから，私が前向き前向き，元気になって笑顔でいればいいなあって。

表 3-1　老年期女性の心の変容過程――個と関係性の二側面によるモデル図（続き）

	カテゴリ名	要　約	例示の語り （語りの前の＃番号は事例番号を表す）
関係性の側面	Being/Becoming ありのままの自分でいること／ありのままの自分でいることによって自然に生まれる変容	ともに老いる仲間が，辛いことも多い老いの道行きに慰めを与えてくれる。	**仲間とのつながり**（＃6）年寄りはね，年寄り同士の友達がいるから元気なのよ。同じような人と，同じような悩みをね，ツーカーで通じるでしょう。まず理解してもらえるのが一番なのよ。 （＃19）こんな年にもなって，老人会に出て行ってもいいのかな，と思う。何もできないのにね。それでもやっぱり，楽しいから出て行ってしまうのよね。お呼びがあると喜んで。
		若い世代を見守るあり方に。自分の死後を想像し，命の連なりを感じる。	**若い世代とのつながり**（＃1）お爺さんがいてくれてよかったって，息子が言ってくれました。家の中に電気が灯ったようにあたたかい雰囲気の中で暮らせてよかったよねえって。お爺ちゃんお婆ちゃんがいて，僕たちがいるんだよなって。 （＃12）やがて私が世を去ったら，孫たちが「水曜日はおばあちゃんのカレーだったよね」って，思い出してくれるよねって（笑）。
		人生の辛さや不安を身にしみて理解することによって，ありのままの自他に対する思いやりが発露する。	**ありのままの思いやりの発露**（＃17）昔は，「そうしなきゃいけない」から席を譲ったりしてた。今になったら，荷物持ちが一番大変だって，身にしみてわかっているわけ。だからもう，本当に親身になって，荷物どうぞ，ここにどうぞって，言ってあげられる。 （＃26）年をとれば皆褒めてもらいたいものなのよ。ぼけたような顔をしていてもね，聞けば「昔は何をしてた，こうだった」っていろいろ喋ってくださるでしょう。だから皆の話を聞いて，「あら，あなたも苦労したのね」って言ってあげるの。だって本当にそうなんだもの。

んで 90 ？　あたしが 90 ？って（#31）」と，気持ちの若さを語る。他方，「若いつもりでも体の年は隠せません（#14）」「最近すごく忘れっぽい。もう本当に鈍いよ，頭が（#24）」と，身体や認知の老いを語る。「まだ気持ちは若い」や「若いつもり」という語りは単なる決まり文句で意味をもたないようにも聞こえるが，「気持ちは若いつもり」の人の心は，本当に「若い」と筆者は考える。それは，老木が常に新しい水・日光・養分を循環させて生命を保持していることに似て，内的に感じられる活力を指していると思われるからである。つまり，それは年齢という尺度では測れないものであり，老若男女等しく感じられる「若さ」とも言えるのではない。一方で，エネルギーを循環させる器である身体は加齢によりさまざまな機能が衰える。そのため，老年期に生き生きとした生命力を感じている人ほど，〈身体・認知の衰え〉を「喪失」として感じる程度が大きいことだろう。

　老年期の喪失は〈身体・認知の衰え〉だけではない。〈大切な他者の死〉は，自己の存在を揺るがし，時には何年にも及ぶ【喪の哀悼の仕事】を要請する。さらに，子の自立や大切な他者の死は，母や嫁，妻としての〈役割の喪失・変化〉を意味する。このように，〈身体・認知の衰え〉や〈大切な他者の死〉，そして〈役割の喪失と変化〉によって，老年期の女性の心の変容はうながされていく。これを【喪失体験】のカテゴリーとし，〈1. 心の変容をうながす体験の次元〉とした。

〈2. 心の変容過程の次元〉
　〈身体・認知の衰え〉に対し，さまざまな思い——否認や怒り，痛みや悲しみ——を抱きつつ適応していく過程が，【衰えへの適応過程】である。まず，「だんだん動作が鈍くなって，何年か前まではこれくらい1日でできていたのにと思うことがたびたびあります。それを認めるのが一苦労です（#6）」と，衰えを〈認めるのに一苦労〉する段階がある。次に，「歩けなくなったらどうしようとか，そういうのは考えないようにしないとね。できれば今の状態が続いたら（#4）」と，より老化が進展した状態と比較して，今の状態を維持していくことが一番望ましいと思う〈現状維持の希求〉の段階がある。また，他者から衰えを指摘されることに抵抗を感じ，〈人の目が気になる〉がゆえに外

出も億劫になると語る人もいる。
　年齢と衰えをいよいよ実感するのは「70は70の体験，80は80の体験。こんなに辛いことはないね。朝晩のこと，歩くこと，買い物，それくらいのことができなくなるのが辛い。頭と体がついてこないのが残念（#19）」と，〈**体験しないとわからない辛さ**〉の体験をした時である。体が痛いと，心が沈む。元気に過ごしてきた人ほど，「こんなに自分が弱いとは思わなかった」と，身にしみて思う。自分の衰えを実感した後，「宿命だから（#25）」という〈**諦め**〉と，「勝手に動けないのが一番苦痛。まだできそうだという気持ちが残っているから。もう駄目，ほんといけない，と諦めたらいいのに。赤ちゃんより，厄介です（#31）」と，〈**諦めきれない気持ち**〉が入り混じる。このように，【**衰えへの適応過程**】では，自身の能力を失うことへの葛藤を経験しつつ，行動や考え方を少しずつ現状に適応させていく様子が見られた。
　老年期に直面するもうひとつの大きな喪失は，〈**大切な他者の死**〉である。長きにわたり人生を分かち合ってきた他者を失う衝撃は大きい。ある夫を亡くした女性は「明日から私どうなるんだろう，ってね。仲良く歩いているご夫婦を見ると，ああ，世の中の男性が全部死んでくれればいいのにって，思う時期がありました（#12）」と語った。この女性の場合，自己の存在そのものが揺さぶられ，抗議と羨望の入り混じった感情から，かつて自分が体験した，あるいは他者が体験している愛情のある結びつきを攻撃したいという破壊的欲求をもったことがうかがえる。一時は誰にも会いたくないと家に閉じこもっていたが，友達から「出ておいでよ」と声をかけられたことから，周囲の労わりを受け取ることができるようになった。子どもから，父を亡くして悲しいのは皆一緒だと諭されたことも，前に一歩を踏み出そうと決心する契機になった。この女性は，夫の死から10年経った今，そのままに残された夫の日用品をいかに整理しようかと逡巡している。
　【**喪の哀悼の仕事**】は，受けいれがたい事実を認めようとする本人の能動性，本人を支える周囲の関わりの有無の有無などを反映し，時には何年もかかる。しかし，【**喪の哀悼の仕事**】の達成により〈**内在化された中核的他者とのつながりの深まり**〉が育まれる。たとえば別の女性は「夫を亡くして間もない頃は，お父さんは長期出張中だと思っていたのよね……3回忌まではどこかにい

るような気がしていたけど，今はふっきれて。でも何かあるとやっぱり仏壇に向かってぶつぶつ言ってね。これはもう一生続くと思います（#16）」と語った。中核的他者とのつながりは自分自身の変化に応じて変化し，深まっていく。死者を良い対象として内在化することによって，老年期の孤独や死の恐怖に寄り添う同行者が心の中に存在することになる。

　老年期は，社会的な〈役割の喪失と変化〉を経験し，生活構造が変化する時でもある。中年期までに娘・母・妻・嫁・職業人・地域人として多重役割を担ってきた女性は，役割の終了と生活構造の変化に対応する際にも特有の体験の仕方がある。たとえば，子育ての終了を機にこれまで棚上げしてきた自分自身の希望を叶えるべく【新たな自己の獲得へ】向かう人もいる。それは，誰かのためにではなく自分のために，自分の意思で行動することによって，自分らしさを深めていく行為である。「子どもの卒業式の後，山に万歳と叫んで。子育て中は，学校以外に，銀行にも行ったことなかったの。でも子どもが終われば，全部私の時間になったから77歳まで30年間地域の役職を務めて，毎日が嬉しかった。自分で選んで，楽しんでしたこと（#19）」というように，新たなことに挑戦し〈自己の成長〉を楽しんだ語りや，「60，70，80代までは花でしたよ。もう何にも拘束されないで，行きたい所に行くし，自分がしたいことをして（#31）」と，〈自由の謳歌〉を懐かしむ語りが見られた。前節でも述べたように，母親役割終了後に社会で成し遂げた主体的な体験は，老年後期に自身の歩みを振り返る中で大きな意味をもつことが見出された。

　それに対して，【ケアする側からケアされる側へ】という役割の移行もある。まず，他者を援助することより自分で自分の身を守ることが大切になる〈具体的援助からの退き〉がある。この時点では「自分のことは自分でしなければっていうのはいつも頭にあります。まだ，娘にでも，息子にでも，弱みは見せていません（#4）」と，自立した自分を維持したいという思いが優勢である。それは「子が近くにいないからね。少しでもお父さんより長生きしないとって思っています（#15）」と，〈ともに老いる夫への思い〉に支えられてもいる。一方で，夫を亡くし独居している人や，自分をケアしてくれる他者が身近にいない人の中には，「まだまだしっかりしないと，とは思うけど……仏壇の前で泣く晩も多いですよ。『誰に頼ったらいいんだろうかー』って（#22）」と，

〈自立と依存の葛藤〉を体験する。

　身体の不調から日常的に他者からケアを受けるようになると「迷惑ばっかりかけて，もう用なし（#31）」と，ケアされる自分を否定的にとらえる人もいれば，「皆さんがいるから生きている（#27）」と，〈感謝〉とともに自分を委ねる人もいる。感謝の気持ちは，「自分で，こんなの嫌だーって考えれば，心が暗くなります。変なふうに考えていけば惨めにもなるし暗くもなる。考え直せば自然と，私なりの笑顔が出てきます（#25）」と，自身の能力を失う悲しさを土台にして培われていた。

　モデル図の中心にはコア・カテゴリー『自分の死を思う』がある。つまり，上記の四つの心の変容過程によって，他でもない自分の死が目の前にあることを実感し，自分の死や死ぬまでのあり方についてさまざまな思いをめぐらせることである。死のとらえ方は各人各様である一方で，共通の体験として，自分の死に様や，死ぬまでに他者に迷惑をかけるのではないかということに関しての〈恐怖〉や，自分の死について考える際に〈他者の死をモデルに〉すること，そして自分が「まだ死ねない（#31）」意味，すなわち〈生かされている意味〉を問うことが見出された。

〈3. 存在の次元での変容〉

　『自分の死を思う』過程を経て，〈3. 存在の次元での変容〉に至る。その過程を，冨澤（2009）を参考にして【Being/Becoming】と表した。それは，死を見据えた上でありのままの自分でいること，すなわちBeingと，新たな境地を発見すること，すなわちBecomingの意味を含んでいる。個の側面における【Being/Becoming】には，次の概念が含まれる。まず，「若い頃は地獄だった。晩に眠れない時には，昔を思い出して強かったね，よく我慢したって思うの（#24）」「自分の人生，文句を言ったり喧嘩はしても，後悔はしない。苦しいながらも楽しみを見つけて，切り開いてきたんだから（#19）」と，今までの体験を振り返り，納得や後悔を繰り返しながら，〈人生の紡ぎ直し〉が行われる。それは，「辛いことがあってもそれは皆だろう，涙のないところはないだろう，自分でそうして諦めて。眠れない心配事もあるけれど，辛抱して，精一杯のことはしているつもりって，ね。一日一日を，皆がいるから生きているん

だろう，ありがとう，と生きています（#27）」というように，自他の歩んできた人生の個別性と，誰もが苦労や幸せを経て今に至るという共通性についての理解を深め，〈現実に対する諦めと自分なりの「幸せ」の享受〉を可能にする。また，〈共時的な存在へ〉とは，「子どもの頃が懐かしい。つい昨日のことのように覚えている（#4）」というように，今まで過ごしてきたあらゆる時が今と重なり合う状態が自然となるあり方である。

衰えの傾向を自覚する日々の生活を支えるのは，〈**自分なりの楽しみや工夫による生の創造**〉である。たとえば，「自分で漬けた漬物を毎日食べて。55年間，同じぬか床を使って。もう昔の菌は残っていないけど，50年前があって，今があるんだと思って。私と一緒だと思わない？　余り野菜でおいしいのが漬かってるよ（#19）」という語りのように，古いものと新しいものとが入れかわる代謝があることが，その人が生きているということでもある。若い頃のように旺盛に社会や他者と関わる能力はもう残されていないかもしれないが，それでも，老年期にふさわしいあり方で新しいエネルギーを取り入れ，遊び心を通して創造することによって，心の若さを保つことは可能なのである。

関係性の側面における【Being/Becoming】には，次の概念が含まれる。まず，〈仲間とのつながり〉である。これは，「年寄り同士の友達がいるから元気。まず理解してもらえるのが一番（#6）」と，ありのままの自分でいられる居場所や，「仲間に支えられて，一番苦しかった時を乗り越えられた（#12）」と，相手の悲しみを自分の悲しみとする友人の存在が，涙も多い老いの道行きを支えてくれるということである。そして，「やがて私が世を去ったら，『おばあちゃん，水曜日はカレーだったよね』って，孫たちが思い出してくれるよね（#12）」と，〈若い世代とのつながり〉に，自分の死後も続く命の連なりを感じるようになる。仲間との横のつながり，若い世代との縦のつながりの両方において，第一線の活動から身を引きつつも，生き生きとした関わり合いの欠如を意味するものではなく，「心理的に深く関わりをもちつつ，具体的行動としては深く関わらない」という関係性に変化する。さらに，「昔は，『そうしなきゃいけないから』席を譲ったりしてた。今になったら，荷物持ちが一番大変だって，身にしみてわかっているわけ。だからもう，本当に親身になって，荷物どうぞ，ここにどうぞって，言ってあげられる（#17）」と，〈ありのまま

の自他への思いやりの発露〉がある。それは，自分自身の弱さ，浅ましさ，年を重ねることの辛さを身にしみて感じて，自他に対する憐憫が発露することである。

コア・カテゴリー『自分の死を思う』については，次に事例検討を行う中でさらに検討を深めたい。

2. 心の変容過程

ここでは，3名（70代のDさん，80代のEさん，90代のFさん）の語りを参照してモデル図の考察を行う。心の変容過程についての理解を深めるため，70代，80代，90代の女性を1名ずつ選んだ。また，老年期の多様性を反映させるため，生育史・就学・就業といった「個」としての人生と，結婚・子育て・介護といった他者との「関係性」で異なる背景をもつ3名を選択した。年代も背景も異なる女性が，それぞれの「老い」のプロセスを生きる様子は示唆に富む。

1．事例Dさん（74歳，夫と同居）

Dさんは80歳近い夫と同居する女性で，家事全般を担っている。Dさんは自分は田舎で生まれ育ち学もないと謙遜し，「私はもうためになる言葉もない」「私はもう何も知らない」と繰り返し述べる様子を見せつつ，次のように生い立ちを語った。

3人兄弟の長女として出生し，両親にとても可愛がられた。父親は寝癖がついたDさんの髪を水で手を濡らして梳いてくれるような優しい人だった。小学校低学年時に空襲に遭い命からがら逃げた思い出や，引揚船に乗った経験があり，戦後物資のない貧しい暮らしの中で成長した。眠れぬ時は当時を振り返り「あんな時代を乗り越えてきたんだから，もうちょっと頑張らないと」と思う。結婚して子どもを授かったDさんは，若い頃に洋裁を習った腕前を生かして制服など必要な物はほとんど手作りした。子どもたちに手がかからなくなった後は，「何かしないと」と一念発起して，今度は和裁の教室に通った。

数年前に大病を患ったDさんは「毎日皆さんのおかげで生きている」と感

謝を語った。昔はよく山に登って山菜を採っていたが，今はもうバスに乗って外出するのがやっとである。けれども，「まだ子どもを頼ることはしていない」という。親戚一同が集まる年中行事も全部自分ひとりでするのは，「子育てや仕事で忙しい子どもを頼っても子どもが嫌がるだろう」という気持ちからである。「いざという時はお願いするつもりで心にハリをもっている」というDさんは，自分が「いなくなった時」には子どもたちが「お母さんこんなふうにしていたね」と思い出してくれるだろうと述べた。

Dさんが実母を亡くしたのは10年前，実父を亡くしたのは20年前である。実母は兄弟3人で代わる代わる看病して幸せな死に方だったという。

　　親が生きているうちはなんとも思わないけど，亡くなってからは，お母さんってこんなに大事なものなんだ，当たり前じゃなくて。ああ，ほんと，こんな時お母さんがいてくれたらって。ありがたさがわかる。守られているような気がする。空襲の頃から親が自分の着物をといて私に着せてくれたことや，お芋の潰したのを自分は食べないで私に食べさせてくれたこととか。思い出だけはしっかりしてる。

Dさんが今，胸中にあるさまざまな思いを打ち明けたい思いに駆られるのは実母である。心の中で実母を求め，また，思い出を反芻しながら，大病後の〈**身体の衰え**〉やそれとともに意識される〈**死の近づきをもろに感じる**〉自分を奮い立たせている。そこには，【**ケアする側からケアされる側へ**】なろうとしている自分に対する〈**自立と依存の葛藤**〉も感じられる。Dさんの希望は実母のように，目立たぬかたちで家族を支え，また，子どもたちに看取られることである。そして娘も自分のように，自分の死後になってその「ありがたさ」に気づくことを願うのである。今は隣にいる自分より年上の夫の存在，〈**ともに老いる夫への思い**〉がDさんの暮らしを支えている。そしてDさんは，若い時から続けている「縫う」ことに託す思いを次のように語った。

　　ホッとした時は，自分の手が動く限りは何か縫おうと思って，着物をほどいて二部式にしようって。子どもは着付けができないからいろいろ細工

してる。お母さんが作ったんだって感じてくれるだろうと思って，それだけは希望をもっている。いつ倒れるかわからないもの。

　もう30年以上前のことになるが，Dさんは娘の成人式の振袖を縫い，着付けもした。それで満足していたけれど，来年には孫の成人式がある。だからDさんは「頑張らないと」と心に決めている。

　　今は帯を結ぶ力がないから着付けはできないけれど，でもやっぱり，孫の長襦袢だけは，それだけはどうしても，生きているうちに縫い上げないと。私は自分なりのことって言えば，今日一日，袖一枚縫えばこれでけっこういいんだって。ちびり，ちびり。それが楽しみなんですよ。手を動かせばどうにかなると思って，そんなふうにして生きています。

　Dさんにとって，縫うことと生きることは同義である。昔は，必要に迫られて家族の服を縫っていた。そして今は，自らの死後を見据え，自分の愛情を娘や孫という血を分けた大切な他者に感じてもらおうと手を動かす。一針一針が，次世代と自分をつなぐ創造的行為であり，自分らしく生きている・生かされていることの証なのである。

2．事例Eさん（89歳，独居）

　Eさんは数年前に大病をして以来，ひとりで動くのが困難になってきた。日々の家事はこなしているが，外出はままならない。週3回通うデイサービスは，友人と近況を話したり手芸をしたり，時には人生を語り合ったりする楽しみな時間である。

　Eさんは早くに両親を亡くして養母に育てられ，高校卒業後に見合い結婚した。生活をともにする間もなく夫は出征し，娘の顔を見ることなく戦死した。Eさんは自分や娘のことを案じながら戦地に散った夫の思いに応えるべく，女手ひとつで娘を育てた。

　　戦地から届いた主人の手紙45通には「娘を立派に育ててくれ」と繰り

返し書いてある。手紙をもらったのは1年余りでしたけど，私はものすごく教育されているの。男の人はすごいな，子どものことや将来のこと，いろんなこと考えているんだなって。少しでも自分を高めて応えたいっていう素直な気持ちで手紙をもらっていたと思います。その手紙は末代まで守る気持ちで，私は立派に生きますって。主人が死んだ姿を見ていないわけだから，ひょっこり戻ってくるかもしれないし，死んだことを信じたくなかったし。子どもみたいに「ご主人様に褒めてもらいたい」，そういうことだけで生きてきたような気がするの。日本の兵隊さんは，一番身近な人のために死んでいったと思う。建前はお国のため，でも本心は，家族のため，大切な人を守るため。

　今は「田舎っぺの小娘がよく育てたんじゃないですか」と主人に言いたい。娘が私の生き方を肯定してくれたということは，主人もそうだと思うの。

　夫の人となりを知る余裕すらなく結婚し死別して以来，子育てと仕事に必死で取り組んできたEさんであったが，戦後50年忌に夫の戦友とめぐり会い，戦地での夫の様子を知らされる。半世紀を経た夫との邂逅は，新鮮な驚きであった。戦記を読み，戦地を訪れ，戦友との交流を重ねる中で，Eさんは夫の半生をまとめることを思い立ち，文章教室に通い始める。娘にも助けられながら推敲を重ね，自費出版を果たした。

　ひょんなことから主人の戦友さんとめぐり合って，15歳の頃の主人のこと，最後に飛び立った日のこと，思いもかけないことをいろいろ知らされて，なんだかこういうことは書いておかないといけないなあって思って，文章教室で書き始めたんです。娘がいたおかげでこういう本が出せたんだなあ，孫にもこういうふうに伝えることができて良かったなあって。主人も若くして逝って可哀想だったけれど，子どもができた，自分のあとを守ってくれる人ができたって思いながら逝ったわけでしょう。だから私はこれですごくこう，私の一生もまんざらじゃなかったなと思います。（本を書くことは）主人の姿を後から知るようなもので，私にとって主人

は神様みたいなものでした。

　ただ1枚の戦死の報だけで「死んだことを信じたくなかった」Eさんは，心の中に新婚当時の夫を生かし続けて50年間を過ごしてきた。Eさんがいみじくも「神様みたいなもの」と語っているように，Eさんは夫を崇拝してきたが，それは現実味を帯びない象徴的な存在であった。しかし，夫がどのように生き，いかにして死んでいったかを，年老いた「戦友」から知らされることにより，Eさんは50年前に戦死したひとりの男性として夫をとらえ直すことが可能になった。夫の生きた跡を辿り文章にまとめることは，Eさんの心に大きな変化をもたらしたようである。Eさんは，内的に保留されていた夫の死を認めること，すなわち【喪の哀悼の仕事】を行うことによって，死者である夫と生者である自分の関係を再編した。その心の作業によって，若き夫の命がけの希望を受けとめ，娘を育て上げた自分の人生を，意義あるものであったと心に収めることができたのではないだろうか。さらにEさんは今の心境を次のように語った。

　　私はみんなに守られて幸せだったんだなって思います。養母には贅沢はさせてあげられなかったけど，やっぱり満足して逝ったんじゃないかなって。自分はこの子の世話になろうと思って小さな時からずっと育ててきたわけでしょう。もうボケてしまって何もわからなくなっても，よその優しい奥さんがいてくれてありがとうっていうような気持ちで，そこに言葉はなかったけれど穏やかに逝ったから，それで私はご恩返しを自分流にしたんだなって思って，だから何もひっかかるものがないんです。自己満足です。

　Eさんの心には今，自分の世話を受け穏やかに逝った養母と，自分と娘に命を託して逝った夫が感じられる。そして，この世界には自分の生き方を肯定してくれた娘や，夫と自分の血をひく孫がいる。辛いことはいろいろあったが，大切な人が自分に向けた期待に十分報いたという達成感に満たされ，Eさんは自分の人生を受容し肯定している。

最後にEさんは，今はチラシで「箱」を折るのが楽しいと語った。暇さえあれば，デイケア用に大きい箱，自分用に小さい箱をいくつも作っている。小物入れや屑入れにしてなんでも気軽に入れられるし，いっぱいになったら気軽に捨てられる。何しろもとはチラシだから，便利で融通がきいて簡単にできて面白いという。Eさんは嬉々として筆者に箱の作り方を教え，また，作り置いた中からいくつかを筆者にお土産で持たせると言った。平面のある一点をつまみ上げて折り合わせていくことによって立体ができるその「遊び」は，人生の悲喜こもごもを容れる器でもあり，また，あらゆる命の生起と消滅を模しているようでもあると筆者は連想した。

3．事例Fさん（93歳，独居）

Fさんは，50代で夫と死別し独居である。体の自由がきかずひとりでは掃除機もかけられないが，隣に住む息子家族の手を借りて暮らしている。

母子家庭で育ったFさんは女学校を卒業後，結婚して子どもが生まれるまで働き，30代と40代は子育てに専念した。50代半ばで夫を亡くした後，今度は福祉の領域で75歳まで働いた。子育て後に再び職をもったことは，世間を知り見聞を広めることができた良い思い出である。70〜80代は孫が生まれ「おばあちゃん」になったが，陶芸やちぎり絵などさまざまな趣味に挑戦し「遊び歩いた」時期でもあった。

筆者が「最近感じていること」を何でも思いつくままに教えてほしいと伝えると，Fさんは「感じていることはいろいろあるんです。年をとりすぎて，命の終わり方の難しさやら」と述べ，**『自分の死を思う』**心境を語り出した。

> 年をとるって難しいですよ。60代，70代，80代までは花でしたよ。子育てもすんだし，一人暮らしになって，どこに行っても勝手で，誰もとがめる人もいない。だけど90を過ぎてしまうと，今度は，人のお世話を受けるようになって。体だけはどんどん駄目になっていって，どうしたって，人に頼まないとならないから，もう自分の暮らし方がなくなる。息子家族が隣にいるから介護保険でヘルパーさんも頼めない。こんなのおかしいって抗議しても，どうにもならなくて。つまらなくて「死にたい」って

思うんですよね。怖くて死にきらないけれども，ひねくれた意地悪婆さんになってしまって。

　Fさんは97歳の女性詩人が書いたベストセラーの詩集を手に取り，いくつかの詩を筆者の前で朗読した。詩人は，介護を受ける心境を春風のような気持ちと表していた。Fさんはため息をつき，「自分はとても真似できない」と言う。さらにFさんは，生きる辛さから自殺を何回も試みているという新聞の投書欄の切り抜きを筆者に見せた。投書を書いたのは97歳の女性であった。Fさんは，同い年でこうも人は違うものか，感謝の心で生きている人もいれば，自殺しようとする人もいる。それでは自分はいったいどちらだろう，そして自分はどんなふうに命が終わるのかと思いをめぐらせているという。Fさんは生に対し両極の態度をとる二者の例をあげ，自身の心の揺れを述べていると思われた。身体の衰えとともに自分の暮らし方をも失い，**【ケアする側からケアされる側へ】**なることが死にたいほど嫌だと語る。それは80代までに**【新たな自己の獲得】**，すなわち，母や嫁，妻の役割を終え〈自由を謳歌〉したからこそ，余計に辛く感じられるのだろう。

　　主人の死に方は本当に良かった。仕事先から具合が悪いからって早めに帰ってきて，次の日の朝，靴下を履こうとして，ガクッと私にもたれて，一言「すまん」って。あっけない別れだった。苦しみもしないで，あんな死に方，かえって羨ましい。「いい加減用事がないから，もうお迎えが来てもいいんだけど」って口では言っているけど，まだ死にたくはないっていう気持ちがあります。母は，口癖のように「今88だけど，90の坂は大変だよ。どうしようか」って言っていました。そんな時，母は事故に遭ったんです。車にはねられて置き去りにされて，発見されるまで2時間くらいかかった。それからおかしくなって，夜中も「牛に突かれた，2年間くらい放っておかれた」って大声出して。でもヘルパーさんが「私がおむつを外してみるから」っておっしゃって。本当に，おむつが外れてから正気に返ったの。
　　自分が90になってどんなものかなって思っていたら，なるほど，何の

役にも立たないのに生きていなくちゃならないし，本当にご迷惑ばっかりかけてるねって。時には「もうお婆ちゃんも早く逝ったほうがいいね，あなたたちも楽だよね」なんて言ってしまって，家族に総すかんを食らうんですよ（笑）。

　生の意味——生きる意味ではなく，〈生かされている意味〉をＦさんは問う。「90の坂」の辛さは，「生きていたい」気持ちと「生きていなくちゃならない」気持ちのせめぎ合う辛さと言えるだろうか。働き盛りの夫を亡くしたことの失意は大きかったと思われるが，今のＦさんにとってはその死に様が憧れである。日頃世話になる息子家族に，つい「総すかんを食らう」ことを言ってしまうのも，頼らなければ生きていけない自分に不甲斐なさや負い目を感じているがゆえである。車にはねられ，放っておかれたと騒いだ母親のことを語りながら，Ｆさんは，年のせいで身動きがとれなくなり，介護保険からも世間からも見放されているような自身の境涯を語っているようである。

　　労わってもらうと自分は駄目なのかなって思うし，ほっといてもらうと悲しくなるし。今でも幸せだなーと思いますよ，だけどね，幸せの中に文句があるんですよね。でもそれを黙殺して幸せだーって思わないと，これ以上欲ばりだーってね。こんなになったらまだ幸せなのにっていうのはたくさんありますよ。まず，ひとりで買い物に行けたら幸せだって。それが行けないでしょう。それこそ，我慢をしての幸せ。残ったもので幸せって思わないとね。
　　今はもう何もできないけれど，好きなことといえば草むしり。這ってでも草をとって，後ろを振り向いた時，「やった，征服した，やっつけた」という気持ちになれる。その後で腰が痛い，足が痛いと大騒動になるから，息子には止められているんだけど。

　人から労わりを受けると自分の能力を否定されたように感じる一方で，傷つきやすく脆い今の自分を支えてほしいという両極の思い，〈自立と**依存の葛藤**〉でＦさんは揺れている。達成感や征服感を感じられる草取りは，日頃の無力

感を忘れて自分の力を確かめる行為なのであろう。それでも，身体はあちこち痛む。抗えない老いの現実に，「残ったもので幸せって思わないと」と言う語り口には，悔しさとともに悲しみが漂う。幸せの中の文句や衰えていく自分に対する歯がゆさ，他者に迷惑をかけることへの遠慮，時とともに「残ったもの」が少なくなっていくことの恐れ，そして本質的には死に至る〈**恐怖**〉は，消えるものではない。だが，それらの喪失に伴う痛みを「これ以上欲ばりだ」「我慢」が必要だとまるで自分に言い聞かせるように語る。「これ以上」の「これ」とは「今，与えられている以上」，すなわち今，自分が生きていることを指すと考えてよいだろう。Fさんは，失ってもなお残る自身の生を肯定し，幸せを見出している。それは深い自己凝視の末に辿りついた心境である。自分に与えられたものをわきまえ，限定することによって，所与の状況に限定されない「幸せ」を初めて見出すことができる。それは弱いようでいて最も強い，自分なりの幸せの享受と呼べるものであり，【Being/Becoming】に至るものだと考えられる。

　最後にFさんは，季節の花を題材にした自作のちぎり絵を筆者に見せ，老人ホームの玄関に月が替わるたびに飾りに行き，入居する友人を見舞うのだと語った。それは，Fさんが「人の役に立てる喜び」を感じられる大切な行為であった。駄目になっていく体や，まるで「座敷牢」にいるような孤独，「死にたい」思いを身にしみて感じる時間が多くを占める中で，〈**自分なりの楽しみや工夫による生の創造**〉をもつことがFさんの心を確かに支えているのである。

3．死者とともに「今」を生きる

　3名の語りからは，大切な他者の死を経験したり，心身の衰えを感じたりする中で，自らの死をまざまざと実感し，死や死ぬまでのあり方についてさまざまに思いをめぐらせていることや，自分でも予想していなかったほどの長寿により，なぜまだ「生かされているのか」という，生と死をめぐる問いが繰り返し胸にうかぶことがうかがわれた。

　生と死の問題について考察する際，文筆家の白洲正子と免疫学者の多田富雄

の対談（2009）が手がかりになる。多田は、「身体も常に生と死が入り混じっているわけですね。毎日何千万という細胞が死んで、また生まれています。だんだんと死の比重が高くなってきますけど。生きているというのは、そうやって身体の中に死を育てているわけです」（p. 31）と述べている。「死」と「育てる」という、相反するイメージをもつ言葉を結びつける視点は、独特で興味深い。この発想をもとに、細胞の視点から心の視点に目を移してみる。私たちはどのように心の中に「死」を育てているのだろうか。人間の心もまた、乳幼児期から常に生と死が入り混じっているが、老年期になるにつれ心もまた死の比重が高くなり、自然に死を迎える心もちとなるのだろうか。

　松木（2016）は、「もし"死"を受容することがいくらか可能であるとするなら、それは『死の怖れ』『死への怯え』を認めることから始まるのだろう。そこには、私たちがどのような死んでいる対象を心に棲まわせているのかが大きく作用しているのだろう」（p. 201）と述べ、それには私たちがどのように生きてきたかが反映されると示唆している。まずはこの言葉を念頭に置き、この調査で得られた女性の語りを再び吟味したい。

　この調査では、老年期女性が心に棲まわせている死んでいる対象として実母・夫・実父が多く語られた。事例Dさんは、親にいつも見守られているような気がすることや「こんな時お母さんがいてくれたらね」と思うことがあると述べていることから、死者の存在を心の拠り所にしていることがわかる。事例Eさんも、夫に「褒めてもらいたい」一心で頑張ってきたが、今は「褒めてもらえる」ような気がすること、また養母には「ご恩を返した」という満足感があることを語っていることから、死者から肯定されている感覚をもっていると思われる。他にも「困ったことがあれば、母に話したい」という女性や、「本当に親はありがたかったんだな、と思って墓参りに行かずにはおれない」という女性もいた。また、仏壇に毎日挨拶する女性や、おかずやビールを供える女性、毎週墓参りに行って近況を話す女性もいた。これらの人の心に棲む死者は、その存在を常に身近に感じ、愛情を通い合わせることのできる大切な対象であると思われる。

　他方、事例Fさんは、死にたい気持ちと死ぬのは怖い気持ちを語り、今自分が生きていることは「背負ってきた業が深い」からだろうかと述べた。ま

た，母親は「長生きは大変」と繰り返し述べていたことや，夫は自分と子を置いてあっけなく逝ったことを語った。死者は，積極的に彼女を守ってくれるような存在ではなく，死の不安に圧倒されていたり，死の恐怖を感じない存在であるようだった。

　松木（2016）は「私たちは死ぬ時に，母親を本当に失うのである。乳児の私たちが体験してきた母親を。その母親がどれだけ，私たちそれぞれにとって独自の性質を持つ死んでいる対象と融合しているのかが，私たち自身が死のうとするときに，"死"への私たちの怖れの質を決めるのであろう」（p. 201）と述べている。そこでは，乳児期に誰もが体験する「死の恐怖」をどのように体験したのかが重要である。すなわち，乳児が「死につつある」という恐怖を感じる時，心理的にバランスの良い母親は，乳児の恐怖を情緒的に理解し，受けいれた上で，その恐怖を和らげるかたちで乳児に応答することができる。しかし，母親が乳児の恐怖に共振したり，受けいれられないようであると，乳児は解消されない恐怖に怯え，恐怖の受け取り手を外界に求め続ける。

　老年期に個人の中で活性化する「死につつある」という感覚は，個人の内的対象としての母親，あるいは母親の機能をもつ他者に投影される。その時，内的対象としての母親がその投影を受けいれ，死の恐怖を和らげてくれる存在として感じられる人々もいれば，他方，母親がその不安を感じることを拒否したり，その不安に圧倒されていたりすると感じられる人々もいる。前者にとって死は，これまでの人生で乗り越えてきた困難と同様，自分なりに向き合い，対処可能なこととして感じられるだろう。一方，後者にとって，死は厭うべきもの，あるいは圧倒的に恐怖を感じさせるものとして存在し続けるため，自らの死の恐怖を受け取ってくれる誰かを外界に求めることとなる。すなわち，個人の死に対する感じ方は，乳児期の母親あるいは母親的養育者をどのように体験し，心に保持しているかによるのである。

　以上，死が内包されたからだに生きる私たちは，どのようにこころに「死」を育てることが可能かという問いについて，老年期女性の語りをもとに考察した。からだは，細胞の次元で常に生と死が混じり合い，歳を重ねるにつれて徐々に死の比重が高くなり，最終的に寿命を迎える。それに対して私たちのこころは，乳児のように死の恐怖に圧倒されたり，死をないものと否認したり，

自分と死を切り離そうとしたりすることもある。しかし一方で，死を悲しみ，死を事実として受けいれようと考えることもできる。その違いについて，松木（2016）を参考に検討した結果，私たちの死に対する感じ方は，乳児期に体験した母親あるいは母親的養育者の「死の恐怖」を抱える機能を，個人がいかに内在化しているかを反映していることが示唆された。言い換えれば，私たちがどのような性質をもつ死者を心に棲まわせているかということは，私たちがどのように生きてきたかということでもある。

4．心奥にある想い
――TAT（絵画統覚検査）を通した老年期女性の内的世界

　TAT（Thematic Apperception Test）は，心理アセスメント法のひとつである。人間関係の危機や葛藤を連想させる図版を見て自由に物語を創ってもらい，語られた物語やその反応過程から個人のパーソナリティや他者との関わり方，そして無意識的な空想や不安に対する理解を深めようとする。個人の現実に対処する能力や，自己に対する概念，性同一性，さらに性愛や死といった事象への関わり方を理解する上で有効な心理検査とされる（鈴木，1997）。

　先に述べたように，ライフサイクル研究の先駆者であるレヴィンソンは「おとなであるとは，どういうことなのか」という問いを探索する手法として，面接調査とTATを用いている。両者を組み合わせる理由は，語りでは意識的・無意識的に避けて通ったかもしれない側面についても理解を深めるためである。筆者は，このレヴィンソンにならって，前節で紹介した調査対象者（70歳から93歳の女性24名）にTATを行った。その結果，老年期女性の「関わり」のありようについて面接とは異なる視点から理解が得られた。さらに，面接では語られなかった心情が鮮明になったのである。少し専門的な内容になるが，できるだけわかりやすくその結果を紹介したい。

　施行の際には，「絵を見て，お話を作ってください。今，何が起こっているのか。昔，何が起こってそういう状況になっているのか。そして，これからどうなっていくのか，自由にお話を作ってください。時間は自由です」という教示を行った。また，これまでの先行研究をふまえて数点の工夫を加えた。ま

表 3-2 TAT 図版の説明と検討のポイント

図版1	ヴァイオリンの前に男の子が座っている。この図版は，TAT の手続きを確認し検査への導入に用いた。
図版2	中央に数冊の本を持った若い女性が描かれている。その後ろに農村風景が広がっている。畑で働く男性や，畑の脇でその様子を見ている年配の女性がいる。検討の際には，若い女性と後景の男女の異質性をどれだけ強く感じとっているかや，その異質性をどのようにまとめて物語を作っているかに着目する。
図版3BM	画面中央に座り込んでいる人物の後ろ姿が描かれている。検討の際には，その人物の脱力状態をどのように受け取るかや，自分自身でこの先立ち直ることができるのかどうかに着目する。
図版12F	老人と青年が描かれている。検討の際には，老人が若い人物に対してもつ感情，あるいは及ぼす作用はどのようなものかに着目する。
図版12BG	自然の情景が描かれている。検討の際には，人が誰もいない風景に人間を導入するかどうか，自然の情景が醸し出す情緒性をどのように扱うか，自然の情景に投影された自己感はどのようなものかに着目する。

ず，すべての図版に答えてもらうことはこころの負担となると考え，図版の枚数を減らすことにした。鈴木（1997），坪内（1984）を参考に，老年期女性の「他者との関わりの質」「自己像や身体イメージ」「老いへの感受性」が映し出されやすい性質をもつ5枚（1，2，3BM，12F，12BG）の図版を用いた。

読者がイメージしやすいよう図版について簡単に紹介し，検討する際のポイントを記しておきたい（表 3-2）。

1．形式の検討

形式面には，個人の認知機能の働きやパーソナリティの保持のされ方，人との関わりのありようが現れる。24 名の結果について，まず，各図版の初発時間と反応に要した時間の平均値を表 3-3 に示す。鈴木（1997）によると，大部分の人の初発時間は 5〜20 秒，所要時間は 60〜150 秒に収まるという。今回の結果もほぼその範囲内であり，反応速度において問題は見られなかった。

平均初発時間が最も長かったのは図版 12F の 9 秒であった。図版 12F には，老人と青年の二者が描かれており，「老い」と「若さ」の対照性が際立つ図版である。坪内（1984）によると，この図版は「老人対若者」のテーマを潜在

表 3-3　各図版の初発時間および所要時間の平均

図　版	2	3BM	12F	12BG
平均初発時間（秒）	8.08	5.75	9	4.5
平均所要時間（秒）	133	82	95	103

的にもち，特に女性にとっては老いの恐怖がよく表れるとも言われる。このような図版の特性から，初発時間の長さには図版に触発されて何らかの心理的抵抗が起きている可能性も考えられる。そこで，3事例を取り上げて図版 12F を中心に事例検討を行いたい。

5. 事例検討

鈴木（1997）によると，図版 12F の一般的な反応は老人を悪い性質をもった対象としてとらえる見方である。ここでは一般的反応を示した事例と，特徴的な反応を示した事例の両方を含む 3 例を取り上げる。

図版 12F の前後の物語である図版 3BM と 12BG の結果も合わせて示し，物語のつながりや感情の流れに着目して検討を行う。なお，〈　〉内は検査者である筆者の言葉を指す。

1. 事例 J さん

J さんは，ダンスの同好会に所属し，体を動かしたり，友達とお喋りすることを楽しみにしている 70 代後半の女性である。夫と同居し，子どもは自立して別居している。

次に，図版 3BM，12F，12BG のプロトコルを示す。

・**図版 3BM**

［0'20"］あまり年寄りには見えないし。今頃は無職の人が多いから，そんな人が悩んでいる姿かな。〈これからどうなると思いますか〉［0'39"］…［0'51"］お仕事がなくて。ちょっと，そのくらいしかわからない（笑）。［1'00"］

・図版 12F

［0'20"］お芝居の役者さんかな，後ろの人は。［0'33"］…［0'42"］私は想像ができない。お芝居の役者さんで，この人はなんだか怖い役かな。そんなふうにしか思いません。［1'01"］

・図版 12BG

［0'15"］荒れた湖のほとりで，これ，舟でしょうね。［0'22"］…［0'42"］荒れた湖のほとりのようにしか見えないけど。［0'50"］…［1'10"］昔，若い人たちがいっぱいいる頃は，いっぱい木があって，リンゴ畑だったのだけれど，もう今，年寄りが世話をできなくなって，もう荒地で。若い人たちは作る気もなくって，荒れた畑。湖のボートもなんだかこう，壊れかかったようなね。そんなふうにしか見えませんけど。

2. 事例 J さんの TAT からの理解

図版 3BM では，冒頭の「年寄りには見えない」という言葉から，中央に描かれた人物をまず「年寄り」と連想したことがうかがえる。しかし，「無職の人」と言い直した後，物語は展開されなかった。筆者の問いかけによって 10 秒ほど考えてみるものの，未来はどうなるかという点について自由に想像することは難しかったようだ。

図版 12F は，図版 3BM と同様に，初発反応に 20 秒の時間を要した。若者と老婆の 2 人の対照性を「芝居の役者」として説明するが，それ以上「想像ができない」と述べ，能動的に物語世界に入り込むことのためらいが示唆される。

最後の図版 12BG の初発反応は 15 秒と比較的短かった。また，その内容は，他の図版に比して投影という心の動きが感じられるものであった。すなわち，昔はたくさんの人がいたリンゴ畑が今は荒地になり，誰も世話をする人がいなくなったというストーリーには，心奥にある無力感や荒涼とした感覚が自然の情景に重ねられていると思われた。

面接における J さんは，そうした抑うつ的な心性を検査者との間で表現することに対して慎重であった。しかし，TAT の結果からは，J さんが日常生活を

問題なく過ごしているものの，内面では未来への希望がもてず，若い人を頼ることもできず，孤独なままに打ち捨てられているような感覚を抱えていることが推測されたのである。

3．事例Kさん

「いつの間にかもうすぐ80歳。1日が終わると，今日も無事に過ごせたとホッとする」と言うKさんの趣味は，野菜を育てることや，近所の銭湯で顔なじみの人たちとおしゃべりを楽しむことである。約20年前に夫を亡くし，子どもは自立して別居しているため独り住まいである。

・図版3BM

［0'08"］ちょっと落ち込んじゃった。どうすればいいんだろう。どうすればいいんだろう。どうすればいいんだろう。一生懸命考えるけど，なかなか先が見えない。落ち込んでいる……それくらいかな。［1'00"］

・図版12F

［0'12"］「未来に向かって一生懸命，努力しよう」って思っている青年に，後ろから「頑張んなさい」っていうエールを送っている……ようには見えないんですけど，エールを送っているのかなあって私は思います。［0'37"］

・図版12BG

［0'04"］はっきりしませんけど，うーん。［0'08"］…［0'29"］木の下に，いろいろな食べ物を載せたかごを置いて，どうだろう。「寂しそう」だろうね。［0'59"］…［1'18"］寂しい。［1'19"］…［1'27"］動物が食べに来てくれるのを待っているのかな。わからない（笑）。［1'33"］

4．事例KさんのTATからの理解

全体を通して主語が省略される傾向が見られ，Kさんが図中の人物に同一化し，物語の主人公になったような気持ちで反応していることがうかがえる。
図版3BMは，落ち込んでいる人が一生懸命考えているが，先が見えないと

いう内容であった。落ち込んでいる人が「どのような人」で，「なぜ落ち込んでいるのか」や「この先どうなるのか」については言及されず，具体性に欠ける内容であった（筆者からのうながしや問いがここでは欠けているが，もしなされていれば，より詳しく語られた可能性がある）。

続く図版 12F の反応の特徴は，若い人物の左後方にいる老婆を「青年にエールを送る」肯定的存在としてとらえている点である。老婆を魔女としたり，悪霊としたり，否定的な存在としてとらえる反応が一般的である中で，このように肯定的存在としてとらえる反応は「語り手の，物事の敵対・対立関係への敏感さの違いを，特殊的には，老いへの態度の違いを表している」（鈴木，1997, p. 213）とされている。K さんはわざわざ「エールを送っている……ようには見えないんですけど」と断っている点から，老婆の表情や物事の敵対・対立関係に鈍感であるとは考えにくい。むしろ，図版の喚起する敵対・対立関係を考慮しながら，それでも老婆は「エールを送っている」ととらえているのである。ここには，K さん自身の若い世代との関わりの質が反映されている可能性がある。すなわち，K さんは，胸中ではさまざまな感情を抱きながらも，若い世代に対して後ろから「エールを送る」人生の先輩として自分自身が在ることを意識しているのではないだろうか。

続く図版 12BG は，「寂しい」という感情が印象的な反応である。また，かごを置いたのは誰なのか，主語がはっきりしない。ここでの主語のあいまいさは「木の下にいろいろな食べ物を載せたかごを置いた人物」に K さんが同一化していることを示唆すると考えられ，孤独感と対象を希求する心性が表出されている。面接における語りでは独り住まいの気楽さが主に語られていたが，そこでは語られなかった寂しさや心細さがここに表されているのかもしれない。

5．事例 L さん

89 歳で一人暮らしの L さんは，自分のペースで住み慣れた家に暮らすことを大切にしている。春先に手作りする薬草茶を毎朝飲むこと，草花を育てること，デイケアに行くことが健康の秘訣という。

・図版 3BM

［0'13"］挫折して，この人もどうしようって思っている。［0'24"］…［0'42"］この人は挫折したままだといけないね。若いから。まだまだこれじゃいけないと思って，立ち直らないといけないね。［1'08"］

・図版 12F

［0'11"］若い人はいいねえと思うね。若い時はいいなあって思う。こんな時があったのかなと思う。年はとりたくないと思うよ，若い人を見ればね。〈そうなんですね。この人とこの人は，どういう関係だと思いますか〉この人とこの人は，他人でしょう。あのね，若い頃があったのかなあって思う。若い頃があったのかなあって。［1'01"］

・図版 12BG

［0'04"］人はいないね。［0'07"］…［0'15"］ゆ，雪景色でしょうね。若い時に苦労をすれば，年をとった時は楽するように思うよ，今。うん。冬に雪が降るように，いろんなことをして，そして，今になってね，もう幸せね，もう子どもも大きくなったし，幸せね，いつ死んでもかまわないって，思うばっかりね。〈春になったんですねえ〉もう春よ。うん。もう冬景色のことは思わない。もう春ばっかり思うの。（笑）［1'23"］

6．事例 L さんの TAT からの理解

L さんの TAT の結果は，図版に触発された L さん自身の気持ちが語られる傾向が顕著であった。図版 12 F では，老人がいることでより際立って見える若者の「若さ」に触発され，自身の感情が直接的に述べられている。若者と老婆の関係を問いかける筆者に対して L さんは「他人でしょう」と述べているが，2 人の間に関係づけがなされなかった点こそ，最大の特徴である。

「若い時はいいなあ」という言葉には，失った青春を惜しむ気持ちがにじみ出ているが，「若い頃があったのかなあ」という言葉からは，L さんが自分の青春を思い出せない様子もうかがえる。自分と若さを結びつけることができない L さんは，若者と老婆を関係づけることができなかったのかもしれない。

あるいは，「老いの恐怖」を引き出しやすいこの図版の特性から，若者との比較でより際立たされた「老い」に対して思わず目を背けたくなり，老婆と若者を関係づけて物語を構成するまで行きつかなかったとも説明できる。それは，自分の「老い」を自覚していても，不用意に直面させられると怯んでしまう心理ともいえる。

　続く12BGにおいて，Lさんはまず人物の有無を確かめた。そして，8秒間の沈黙の後に，冬に雪が降るようにさまざまな苦労を経て，今はもういつ死んでもかまわないと思うほど幸せに感じる，と述べた。検査者が「春になったんですね」と応えると，「もう冬景色のことは思わず，春のことばかり思う」と笑った。12Fにおいてあふれ出した「老い」のショックは「雪景色」という反応に変換され，沈静化と統合の流れに向かっている。筆者はとっさに「春」と応答することでその流れを後押ししているようだ。

　面接の語りでは，戦争で家族や家を失ったことや，戦後は寝る間も惜しんで働きながら子どもたちを育てたことが語られた。Lさんの述べる「幸せ」の基底には，必死で過ごした日々への哀悼と，今の平和な日々への感謝が入り混じって流れているようである。筆者は切ない気持ちになり，検査よりも情緒的な応答を優先した。物語作りは失敗に終わったが，Lさんの心情が図版を通して語られたことにより，筆者にとっても印象に残る体験であった。

6. 関わりのありよう

　TATの結果を通して，老年期女性の関わりのありようについて次のような気づきが得られた。次に，形式面と内容面の二つに分けて述べていく。

　①形式面の特徴から浮き彫りになる「関わり」のありよう
　老年期女性のTATの結果の特徴として，まず，投影に基づく物語が構成されず，代わりに現実の話や自分の感情をそのまま話すという現象が多く見られた。人間関係の危機や葛藤を連想させる特質をもち，「現実のコピー」（安香，1992）と言われる絵を見て，自分自身の「現実」を語ってしまうことからは，刺激や葛藤から距離をとることが難しいことや，当人も意識することが少ない

無意識的な空想や不安にさらされやすいことが示唆される。

　さらに，物語作りが不十分になる傾向から，人と関わる際に「情緒を主としたつながりが志向されやすいこと」や，「主観に偏り，自他の間に適切な距離をとりにくい性質」が示唆される。その性質によって，他世代を含む他者との社会生活を適切に行うことや，見通しを立てて現実的に判断することに困難があるかもしれない。

　また，自分の経験を引き合いに出す場面解釈や，「過去・現在・未来」という3要素の中で「未来」への言及が忘れられる傾向が明らかであった。未来の語られなさには，筆者からのうながしが欠けていたという側面も否めない。しかし，老年期女性の意識や思考パターンが「自分」や「過去」に向いているとも考えられる。そのことにより，新しい未知の体験を受けいれたり，自分と異なる他者の体験を理解したりすることに消極的であるかもしれない。

　以上より，老年期女性の物事や他者との関わりのありようとして，「適切な距離の保ちにくさ」・「過去に向かう態度」・「情緒を中心とした他者との交流」という三つの傾向が理解される。

　②内容面から感知される「老い」と「孤独」にまつわる心情
　図版12Fを中心に3事例の検討を行った結果，これまで指摘されてきたとおり，図版12Fは女性にとって老いにまつわる感情を喚起する性質をもつことが推測された。ただし，その感情は坪内（1984）が述べるような「老いの恐怖」だけではなく，老婆を若者を応援する肯定的存在ととらえる反応など，多様であった。

　鈴木（1997）は，精神的に健康な語り手は，TAT物語の中の自己と似た人物に自己のさまざまな欲求を投影しやすいことを指摘しているが，今回対象とした老年期女性は，老婆に同一化して反応を形成する傾向が見られた。感情表出の程度やされ方には違いがあり，老いにまつわる感情表出を回避しようとする反応もあれば，感情をあらわにする反応も見られた。つまり，図版12Fは老年期女性が主体としてどのように老いを体験しているか，老いた自分をどのようにとらえているか，さらに，老いが喚起する葛藤や不安にいかに対処しているかを理解するために有用な図版と言えるだろう。

続く図版 12BG は自然の情景が描かれたものであるが，4 図版中，初発反応時間が最も短かった。前後の流れも含めて検討すると，図版 12F で喚起された老いにまつわる感情が図版 12BG で展開あるいは解消されていることが示唆された。人間の描かれていない自然の情景である図版 12BG は，刺激が少ないがゆえ，人間関係の葛藤や緊張を抱える器として機能したようであった。図版 12BG では，また，普段は言葉にされにくい孤独感や置き去りにされているという感覚も表現されやすく，他図版では得られない資料を得る可能性が高いと思われる。

ところで，面接の語りと TAT 結果では，相反する感情が語られることがあった。たとえば，闘病生活を送る現在の心境は他者に支えられている感謝のみであると面接では語られたが，TAT 結果では，役立たずの自分は他者から見捨てられ惨めであるという感情が表れている場合などである。面接の語りは，自分の経験を聴き手である検査者に言葉にして伝えるという営みである。一方，TAT 図版は日常生活，特に葛藤や不安を喚起しやすい場面での，その人独自の行動傾向や態度を浮き彫りにする。つまり，面接と TAT 結果で相反する感情が表れたことは，異なる態度の両方を内包している女性個人のあり方を示すものと言える。したがって，これらの結果を複合的に検討することにより，個人のこころを全体的に理解することができると思われ，両者をあわせて用いることの意義が認められた。

③臨床的活用に向けて——語りのとば口としての TAT
　TAT を老年期女性を対象にした臨床の場で活用するためにはどのような工夫が必要であろうか。
　老年期女性を対象として TAT を行う場合，ややもすれば物語作りに至らず，投映法として成立しない場合もありうることを念頭に置き，適切なインストラクションを行うことが求められる。たとえ投映法として形式上は成立していない場合でも，図版にどのような感情が触発され，何が語られたのかに注目することは重要である。形式の分析に偏ると，課題に沿っていないという点から，加齢による「衰え」という側面を中心にした理解になる恐れがある。しかし，3 事例の検討に示されたように，課題から逸脱した語りにもそれぞれの個性が

表出されていた。また，直接的に表しにくい老いや孤独の心情も，絵という媒介物があることで検査者と共有されることが可能になっていた。すなわち，自己言及や感情表出は課題に沿った反応ではないが，その人の人生や感じ方を知る有用な手がかりととらえられる。言い換えると，他者，特に年少の者が老いた人に接する時は，前景にある「老い」の特徴を理解することも必要だが，言葉や言葉の合間に込められた心情を吟味しようとする態度で語りに耳を傾けることによって，老いてなお個性的な個人の意識的無意識的な体験に触れることがよりいっそう可能になる。

したがって，老年期女性を対象とした臨床場面においてTATを用いることには工夫と発想の転換が必要である。すなわち，検査者は，TATの実施と物語作りの完成を目的とするのではなく，被検者が自らの内面について「語ること」をうながす「とば口」としてTATを位置づけ，効果的に用いることを提案したい。そうすることにより，心理的援助を必要としている人の発見や，精神的不調を予防するための早期の関わりが可能になる。可能であれば，単独の投映法として用いるのではなく，面接や，回想法，バウムテスト，ロールシャッハ法などと適切なテストバッテリーを組むことで，より多面的で豊かなパーソナリティ理解が可能になると思われる。

● Column ●
人との関わりのありよう──TATを通して見えてくるもの

　本文では紹介しきれなかったが，24名のTAT物語について，TAT各図版の特性を考慮しながらより詳しい内容の検討を行いたい。分析のポイントは，坪内（1984），鈴木（1997）を参考にして筆者が作成した。

図版2：
　まず，若い女性が「なぜそこにいて」「どのように感じているか」を物語にしたのは24例中10例であった。農作業をしている祖母を心配する女学生と述べた例や，自分だけ勉強していていいのかなと心配する女学生に対して「まだまだ今からしっかりするから」という母親の気持ちを述べた例などであった。このような反応からは，前景と後景の異質性を適切に物語にすることができるという点で，対人関係における調整能力が保たれていることが推測される。
　一方，3人の異質性に対する説明がなく，ただ「父母とその娘がいる」と3者の関係のみを述べる反応は2例であった。認知すべき異質性を見過ごしている，あるいは避けていることから，対人関係における独特の構えがあると思われる。さらに，若い女性を物語に含まないものは1例であった。中央に描かれた若い女性を物語から除外するという特異な反応から，自他のつながりを調整する能力の弱さに加えて，若い女性に対するコンプレックスの存在が推測される。最後に，後景を「夢の世界」とした反応は1例であった。後景の実存性を奪うという方法はやや強引とも言える処理の方法であるが，語り手の「それが何であるか」を説明しにくい困惑が表れているとも考えられる。

図版3BM：
　人物の脱力状態を「心配事がある」「悲しい事があって落ち込んでいる」というように，精神的に落ち込んでいるととらえたのは24例中15例であった。たとえば，「大切な他者との関係が断たれてしまった；2例」「失業；1例」「病気；1例」「自分の犯した失敗；1例」「長期にわたる過酷な境遇；2例」であった。一方，脱力状態を「疲れて寝ている」というように身体的要因と

とらえたのは6例，人物を身体障がい者とみなした反応は2例であった。人物を身体障がい者とする反応は，「深い次元での身体の不全感」(鈴木，1997)を表すとされ，自己の基盤となる身体にまつわる不安が刺激されていることがうかがえる。

　この図版は，見る者に悲哀・疲労を感じさせる特性を備えているため，人物を「悩める」「落ち込んだ」と認知することは特別ではない。だが，「かわいそう，私まで泣けてきそう（＃21）」「誰かがいろいろ聞いてあげないと（＃14）」「手を差し伸べて，お話ししてみたい。起こしてあげたいような気がします（＃23）」など，感情表現に留まりその後の物語作りができなくなる傾向は，図中の人物への行きすぎた同一化であり，語り手自身の悲しみ・疲労・苦悩への親和性が示唆される。

図版12F：
　鈴木（1997）によると，この図版で多く見られる反応は，老婆を「悪」とするとらえ方である。肯定的存在とするとらえ方は少なく，そのような反応をする人は，老いること，あるいは老いた人に対し肯定的あるいは中立的であることが仮定される。筆者の調査では，老婆を「悪魔」や「意地悪そうな人」としてとらえた反応は6例であった。他方，老婆の存在を肯定的あるいは中立的にとらえた反応は7例であった。その中には，「お婆さんが，こんな若いハンサムな人が恋人だったらいいなと思っている（＃3）」「老婆はひょうきんな顔をしている（＃24）」という反応や，「おばあさんが，大事な孫を世間の人に見てほしいというように威張っている。私もほめてあげたい（＃18）」など，老婆に同一化していると思われる反応も見られ，老年期女性に特徴的な反応と考えられた。

図版12BG：
　この図版は，全体的に物語作りが困難であった。具体的には，「こんな風景を見ると自分の田舎を思い出してただただ懐かしい。昔は向こうの集落に行くのに小舟で川を渡ったものでした（＃3）」というように，自己言及に終始する反応や，「小川のほとりに年輪を重ねた梅の木があって雪が降っている。そこに古い船が置いてあって，ロマンチックな感じ。こういう所におにぎりでも持って行って，ゆっくりと食べたらすてきじゃないかな（＃11）」というように，自然の情景が「どう見えるか」を語っているうちに図版と自己の距離が近くなり，いつの間にか図版の中に自分が入り込んでしまう反応が多く

見られた。

　次に，情景の四季に言及した 10 例の中で，「雪景色」と認知した反応は 7 例であった。絵の情緒を冬の「雪景色」と表現する点からは，少なくない語り手の心象に雪景色に通じる静謐さや孤独感が通低していることが示唆される。他方，そこは「寂しい人間を受け入れてくれる」場所（♯21，23）であり，「冬の木枯らしを思い出すと寂しいけれど，春になったら素晴らしい所」など，自然に対する信頼感が表されている反応もあった。このような反応には，この絵の醸し出す情緒性を扱う心の安定性が感じられると言えるだろう。

　最後に，物語形成には失敗しているものの，語り手の孤独感や，人との繋がりを希求する心性が汲み取れる反応が何例か見られた。それらは，「この木が今からしゃんとなるのかな。なってほしいなって思います。なんかこう，命がざーっと散っていくような感じがします。人間なら，しっかりしなさいって言いたいくらいな気持ちです。木を大事にしましょうかっていうような感じです（♯19）」という反応や，「何もこの木の手入れをしないでいたら，周囲のものも枯れてしまった。この辺も草ぼうぼうになって，置き去り，荒れ放題。花が咲いたらいいとは思うけれど，やり放題（♯20）」という反応である。♯19 と♯20 は，どちらも語り手が木に同一化し感情移入が起きている。また，自己の無力感や周囲から見捨てられているような感覚も表されている。♯20 の事例は，TAT 前に行った面接では，「周囲の人に感謝して，日々を前向きに生きています」と心境を語っており，意識的な語りと TAT 反応においてギャップが見られた。通常は言葉にされにくい感情が，図版を通して初めて表現されたものと理解され，語られる言葉の背景にある語られない心情がうかがい知れたのである。

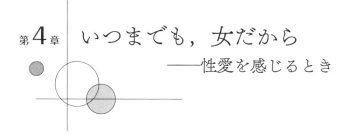

第4章 いつまでも，女だから
——性愛を感じるとき

　女性は，そのからだに命を育む性として特徴づけられる。しかし，老年期の女性は生殖機能の終了により，「枯れた」「干上がった」女性と形容され，それ以降は性の主体として，あるいは性の対象としてみなされないことがある。

　だが，**主体としての女性は老年期に訪れるさまざまなからだの変化をどのように体験するのだろうか**。また，その変化を受けて，個人の女性イメージ・男性イメージはいかに変化するのか，あるいはしないのか。そして，性愛の心はどのように感じられているのだろう。本章では，老年期女性の「身体性」と「ジェンダーイメージ」を取り上げる。

1. 枯れゆくからだと枯れないこころ

　前章までに述べてきたように，女性にとって身体と自己は深い関わりがあり，女性の老いの自覚は加齢による身体変化を契機とすることが多い。先行研究からも，女性は，身体というものが男性よりも自己評価に大きな影響をもつことや，身体に対する評価的態度が分化していること，身体への不安感あるいは安定感は自己評価と極めて関連が強いことが理解されている（Kurtz, 1969; Franzoi, et al., 1989; 柴田，1989; 國吉，1997）。

　そこで筆者は，65〜75歳の女性25名を対象に，「女性らしい身体の変化の中で最近最も印象に残っている体験」について尋ねる面接調査を行った（西尾，2015；2016）。個別に行った面接の中で尋ねたことは，「女らしい身体の変化の中で，最近最も印象に残っている体験は何ですか。それを，あなたはどんなふうに感じられましたか」というものである。

語りの分析には，現場で得られたデータからボトムアップで新しい発想をうながすという特色をもつKJ法を用いた（川喜田，1967）。

得られた結果は「女性らしい身体変化の中で，最も印象に残っている体験とその情緒体験」（図4-1）に表した。ここでは，その図を参照して検討を行う。なお，（　）内のアルファベットは対象者の記号を示している。

〈Ⅰ．生殖器疾患〉

この群には，「子宮筋腫」「乳がんで乳房を切除」「括約筋の老化から膣に球状の腫物」が含まれる。まず，生殖器疾患と知った時の情緒的衝撃について「苦しかった」「ショックだった」「やりきれない」といった表現で語られた。これまで，加齢による身体変化について，膣や子宮といった生殖器疾患があげられることは筆者が知る限りまれであった。生殖器疾患は，通常誰もが体験する生殖機能の終了とは異なり，語られにくい話題で情報も少ないことがその理由のひとつであろう。たとえば，膣にピンポン玉のような腫物ができたという女性は，誰にも相談できず，医師に診てもらうまでに大きな不安を感じていたが，医師からは「年のせい」と事務的に対応され，二重にショックを受けたという。そして，「皆さん，口には出さないけれど，けっこう多いんですって。年を重ねるっていうことはこういうことなんだなって。かなわないわねえ。心は若いって言っても，確実に体は年をとっている。拒否しても若返らないし，受けいれないと仕方ない」（U）と，その心境を語った。

生殖機能を担う器官の疾患は自らの老いを実感するだけではなく，昔は子を産み育てた器を決定的に喪失する体験として，また，女性として男性を受けいれる能力の減退として感じられる可能性がある。老化現象とにべもなく告げられることは，他者が想像する以上に辛い体験となるのかもしれない。他方，この群の特徴として，疾患を肯定的にとらえ直す言葉が述べられた。たとえば，「子宮全摘後はホルモン治療のおかげでかえって健康になった。今のほうが元気かもしれない」（N），「病気になったおかげで家族に思いやりをもって接することができるようになった」（D），「乳がんになったのは，いい嫁を演じてきた限界がきたからだと思う。もう我慢しないと決めたら，気持ちが明るくなった」（Q）等，それぞれの方法で疾患をとらえ直し，自分の人生の中で必

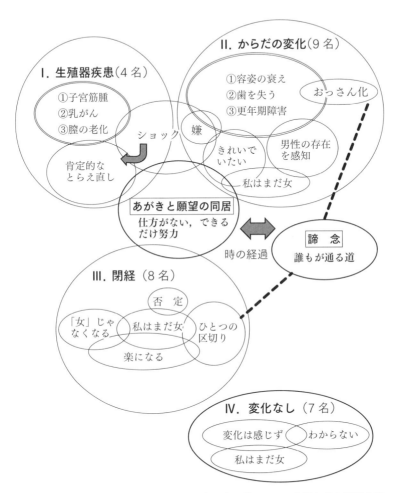

図 4-1　女性らしい身体変化の中で，最も印象に残っている体験とその情緒体験

然性をもった出来事として位置づけたことがうかがえた。これらの語りには，心のしなやかさが表れていると言えるだろう。

〈II．からだの変化〉

この群には，「容姿の衰え」「歯を失う」「更年期障害」が含まれる。最初に，容姿の衰えとして「まつ毛が薄くなってきた」(A)ことや，「胸やお尻が下に垂れて」(A, B, J, K, L, O, T, V)きたことがあげられた。そうした現象に対して「嫌だけどこれを直すことはできない」(K)と葛藤的な心情が語られた。そして，そのような変化を受け，美容形成を考えたり(A)，高価な補正下着を購入したり(L, J)，美容体操に励んだりと(O)，さまざまな努力を行う人もいれば，「もう面倒だからブラジャーもしない。もっと垂れてくるかなって思いながら」(K)と，体型の維持にだんだん気を使わなくなる人も見られた。

一方，家族以外の男性から思いがけないかたちで胸の形を褒められる／触られる体験によって，自らが「まだ女」であることを認識したという女性もいた。「男の人から，お乳が大きくてきれいだねって言われると，そういう所が女として見られているのかなと思います」(Y)というように，男性の視線や言葉は自分が女性であることの意識に大きな影響を与えていた。あるいは，「自分では，胸も垂れておっさん化しているって思うのに，男の人は私のことを，まだ女として見ているんだ。胸があったら，70でもまだいける」(T)と驚き，それ以後，入浴後には胸の形を観察したり，化粧や服装，下着にも気を配るようになったりと，生活や振舞いにも影響が及んだと語る人もいた。

〈III．閉　経〉

閉経の情緒的体験はさまざまであった。閉経を「ひとつの区切り」(F, H, X)と感じ，それによって自分を「老人の仲間入り」(F)ととらえ直した人もいれば，「自分自身としては年をとっていくことの実感がなかったので，閉経が来て初めてあー，これでやっぱり年なんだ」(H)と実感する契機と述べる人もいた。

他方，閉経を「余計なものからの解放」「加齢の良さ」ととらえ，「(これで)

楽になる」(D, G, H, K, R) と体験した人もいた。特に，生理痛や生理不順によって心身ともに長年悩まされてきた人ほど，女であることの「負の側面」から解放され，すがすがしく感じられていた。その中には，「閉経したからって女性でなくなるとは思わなかった」(G, K) と，閉経によって楽になったことのみを語る人もいれば，楽になった一方で「これで女でなくなった」(H, R) と生殖機能の喪失を意識した人もいた。「子どもは1回授かったけど育てるのは無理だと思って諦めた。数年間赤ちゃんのことを見たくない時期もあった」(R) と，生殖機能を十全に使うことができなかったという悔いがある人は，とりわけその喪失を惜しむ傾向が強く，その期間も数年に渡っていた。

さらに「閉経になって5年くらいしてから，重荷が取れたようにサバサバした。男性に頼らずに生きていこうっていう気持ちが出てきた。でもそれは，自分が年をとってきたからかもしれない。もう子どもも大きくなって，これからは自分の生活をするのに対して，余計なものがなくなって嬉しい，そういう気持ち」(D) と，自分の「老い」と「閉経」をつなげて語る人もいた。そこでは，男性の対となる女性という存在として産み育てることを担う役割は生物学的にも社会的にも終了したことを悟り，これからは個として生きることを強く意識したことがうかがえた。

一方，閉経そのものを否認した人もいた。たとえば，「10年間，これは一時止まってるんだ，また戻ってくると思うようにしていたんです。自分はまだそんな年じゃないんだ，体にちょっと事情があって，また元気になったら戻ってくるだろうと。閉経するような，そんな私ではない。それでまた忘れる。そのことについては何も考えなかった」(B) というように，「閉経＝老いの宣告＝女はあがり」というイメージにより，現象そのものを認められない心性が語られた。

以上に，「Ⅰ．生殖器疾患」「Ⅱ．身体の変化」「Ⅲ．閉経の情緒体験」の要約を述べた。こうした情緒体験の後，最終的にどのように気持ちの折り合いをつけているかという点では，次の二つのカテゴリーが得られた。第一に，「あがき」と「願望」の同居，つまり，「いつまでも若くて美しくて健康で輝きたい」(L) というように，からだの変化を目の当たりにして，なんとか変化を

補償しようと抗うこころのありようである。第二に，諦念，すなわち，それは「女の人が皆通る道」(X)であるから仕方がないと諦め，「これからは，変化に対処した生き方を」(F)と，気持ちとからだの変化を調和させていこうと努める心の処し方である。

〈IV. 変化なし〉

最後に，この群には「特に変化は感じなかった」(I, M, P, S, Q)という人や，「わからない」(W, Y)という人が含まれる。その中には，60代を過ぎ，70代になっても相応の「老い」を感じないという人が見られた(S, Y)。たとえば，「50代も今もあまり変わらない」と語る70代女性(S)は「閉経についても何も感じないんです。ピタッと終わるわけじゃないし，自分の体の水分量がなくなるわけでもないし，何も考えないでそのまま来ちゃった感じ」とその心情を述べた。また，「強いて言えば初潮？ 同じ年代の人と比べて遅かった。あとは別に何もない」(W)と語る人もいた。

2. 枯れゆくからだをいかに「みる」か

老年期女性は，老いてゆくからだをどう「みる」か，また，どのように人に「みられたい」と望むのか。ここでは，「みる」という動詞をキーワードに考察する。「みる」という動詞には，「見」「観」「視」「診」「看」などのさまざまな漢字が当てられる。そこには，「目によって認識すること」「判断すること」「物事を調べ行うこと」などの意味がある。

1. 容姿の衰え

まず，シワの増加や胸が垂れるといった容姿の衰えを「いかにみるか」という点について論じたい。

この調査では，体型の変化を「嫌」と感じて拒否し，お金と時間を投入して美しさを保つ努力に励む人々と，「嫌だけど仕方がない」と許容し，ブラジャーは「しんどい」のでしないなど，他者の目に映る外見よりも，身体の快適さに重きを置く「おっさん化」が進むという対照的な反応が見られた。両者の差と

してまず，容姿の衰えに対して個人が抱くイメージの違いが指摘される。容姿の衰えを拒否する人は，老いた女性は「ボロボロになる」「だらしなくなる」と否定的なイメージを強くもっていた。その背景には，女性の外見の美しさ・若々しさに付与される価値観，すなわち，「若さ＝美＝魅力的」とその反対の「老い＝醜＝無視」(平木，2002, p. 203) の影響が考えられる。もちろん，老いてなお美しくあろうとすることで，自分にも活気が生まれ，他者との関わりにも積極的になるという肯定的な面もある。だが，「いつまでも若々しく美しい自分」という自己像に固執すると，身体変化によって自尊心が低下したり，自己像を破壊されることに過剰な恐怖を感じたりするという，自己愛的・強迫的なあり方につながる可能性が示唆される。

一方，後者の「おっさん化」が進むという言葉は，夫と死別した後，独居生活を送る女性たちによって語られた。身近に異性がいるかいないかということは，女性が自らを女性として意識するこころのありように影響を与えると思われる。この点については次の「男性の存在を感知」した女性についても関わることである。

2. 男性の存在

「男性の存在を感知」した女性は，男性から胸のふくらみに注目される体験後，その注目に応えるかたちで自らの身体に意識を向け直し，服装や仕草に至るまで変化があったと語った。「こんなお婆さんに」(T) という言葉からは，異性から性的対象として見られることへの驚きがうかがえた。同年代の男性から性愛と憧憬のまなざしを向けられることは，女性自身の性愛を喚起する体験であり，老年期においても，女性が男性を感知する時，女性は自らのセクシュアリティをいきいきと体感するといえるだろう。生きるエネルギーとしてのエロスは，老年期においても枯れることはないのである。とりわけ，胸のふくらみは，女性的な外見の魅力として，また，子どもを産み育む母性を象徴するものとして，男女の年齢を超えてさまざまなファンタジーを喚起する部位であることがうかがえる。

3. 閉　経

　老年期女性が「女性らしい身体の変化」として印象に残っているものとして，中年期後期の現象である閉経が多くあげられたことからは，女性にとって閉経はそれだけインパクトのある現象であることが示唆される。さらに，そのインパクトは年単位に及ぶことを示している。先に述べたように，従来，初潮や妊娠・出産，育児，そして閉経といった女性に特有な身体変化は「自己への関心や深い心理的変化を含んだ危機のとき」（武内，2002，p. 151）と考えられてきた。また，東山（1990）は，初潮・妊娠・出産・閉経といった身体変化をイニシエーションととらえ，閉経で女性のイニシエーションは完結すると述べている。

　しかし，閉経は初潮や出産と大きく異なる性質をもつ。それは，「見えない」ことである。初潮や出産は鮮明な出血や下腹部のふくらみ，赤ん坊の誕生というかたちではっきりと目に見える，いわば否定のしようのない現象である。私たちはそれの訪れに目を奪われ，身体が以前とはまったく異なる性質を帯びていることを認めざるをえない。一方，閉経は出血の間隔が徐々に空くようになり，ついにはなくなるという，ゆるやかな身体内部の現象である。ある明確な時点で閉経という現象が起きたと特定することは難しい。さらに，初潮や妊娠・出産は周囲からも認められ，多くの場合，家族をはじめとする身近な他者から祝福される。それは，身体の生物学的変化とともに女性として新たな社会的役割を引き受ける契機でもあるからである。しかし，閉経については周囲の認知はなされない。身近な他者に祝われることもなく，また，新たな社会的役割を引き受けることもない。むしろ，閉経は生物学的機能そしてそれまでの社会的役割を「失う」ことを含意する。

　こうした「見えない」特徴から，閉経に対しては，「私が閉経になるはずがない」という否定や，閉経について「忘れて」しまうこと，あるいは閉経を「見て見ぬふりをして」忌避しようという，初潮や妊娠・出産では起こりにくい認知や体験も起こりうるのであろう。閉経をいかに受けとめるかということは，その女性が「（生理が）ない」ことをいかに「みる」のか，すなわち「喪失」に対する心理を極めてよく反映すると考えられる。

4.「女性がみんな通る道」

 そこで重要になるのは,その人が内的に抱く老いた性質をもつ対象の存在である。身体変化を「自然の成り行き」「生物として当たり前のこと」と述べ,変化に処した生き方を選んでいると語った女性たちは,「年がいったら,嫌だけど,胸も垂れる。母親も垂れていました」(K) というように,年とった母の姿を思い浮かべていた。それによって,自らの変化もまた「女性がみんな通る道」(X) として,連帯意識をもって受けいれられていた。閉経を10年間否認していたという女性もまた,次のように述べている。「最近,残っていた前歯の最後の1本を取ったのがショックでした。なくなるっていうのは,なんでもショックですね。娘が言うんですよ,お母さん,歯がなくなると顔が変になったねって。自分でも鏡を見て,昔の母によく似た顔になってきたなあって思いました。そんなふうにして,徐々に私が年を受けいれられるようになっていくのかな,と思いました」(J)。母や娘は他人であるが,また,鏡のように,自らの姿を映し出す存在でもある。言いかえれば,老いていった母親あるいはそれに代わる他者に無事に同一化できない女性は,自分の老いをありのままに見,受けいれていくことに困難を覚えるとも言えるだろう。

 池田ら (1984) は,思春期から青年期における女性性受容の過程では,父親よりも母親の女性観のほうが本人の受容のあり方に与える影響が大きいと述べている。この調査が対象とする老年期女性においても,加齢による身体変化を受けいれる過程では,その女性の「喪失」に対する心の処し方が反映されること,ひいては,どのような対象と同一化して「老い」や「自己」をとらえているのかが重要であり,そこでは,母親や母親的養育者の影響が大きいことが見出された。加齢による身体変化を女性が「お婆さん」になる中で体験する女性性の発達変容のプロセスととらえるならば,女性にとって母親は,その性を受容する上で人生を通して重要な存在であり続けるのである。

5.「わからない」・「変わらない」という心理

 それでは次に,女性らしいからだの変化を「わからない」あるいは「変化は感じない」と回答した群について検討する。この群の女性は閉経について言及するものの,「何も考えない・感じない」(P, S, I, Y, W) と述べたり,「人

間関係のストレスで生理が止まったのだろう」(Q) と知的な理解を示すに留まり，情緒体験は語られなかった。また，若い頃と今の自分は変わらないことを強調する語りもあった。おそらく，閉経や身体変化を明確に意識する機会がなく，「印象に残っている」体験として語りにくかった人もいれば，筆者の前で自身の老いを語ることに抵抗を感じて「わからない」と回答した人もいたと思われる。前者の中には，もともと「自分を女として感じたことはない。子どもからお母さんと呼ばれるから，自分は女だと思うくらい」(M)，「これまで自分が女っていうのをあまり意識しようとしてこなかったし，むしろなるべく流してしまおうとしてきた」(Q) と，女性としての自己を受けいれがたく，それによって女性らしい身体変化も感知されにくいことがうかがえる人もいた。こうした人は，思春期から青年期にかけての課題である「女の子」から「女性」になることのプロセスに何らかの困難があり，女性であることの価値を見出して主体的に生きることができないまま年齢を重ねてきたのかもしれない。

　一方，男性から女性として見られることを強く意識している女性は，「(自分のからだは) 50代と変わりないと思う」(S, Y) と述べた。こうした女性にとって，性的な魅力の衰えは自尊心の低下に直結するため，身体変化という現実から距離を置いて見ないようにしている可能性がある。また，筆者の前で自らの老いを語ることへの抵抗も大きいことが推測される。

　ここまで述べてきたように，身体における女性らしい特徴の喪失というままならぬ現実を「みる」ことをめぐって，長期にわたってさまざまな感情が体験されることが見出された。そのプロセスを直線的かつ明確に整理することはできず，「諦念」を強く感じる時もあれば，「あがく」時もあるというように，時と場合によってある気持ちが優勢になりながら，数年の時をかけて現実と折り合いをつけていく過程と理解された。また，その情緒体験は，各人が身体を通した女性性の経験をこれまでいかに体験してきたかということ，特に，性愛や子どもを産み育てることについてどの程度充足感をもち，自己の生き方として納得しているかということとも響き合う関係にあると考えられた。

6. からだの変化が告げること

　池田ら（1979）は，青年期女性は，女性の性役割として「他者のための存在」であるようなあり方を引き受けることによって，「産み，はぐくむ強い母性」という，女性に特異的な自己実現への転換が可能になると述べている。この調査では，生殖器疾患や閉経，そして体型の変化が老年期女性にとって印象に残るからだの変化であることが見出されたが，これらはいずれも，「産み，はぐくむ」母性に関係する器官である。つまり，老年期女性が経験する身体変化は，単なる生物学的現象ではなく，女性が青年期に引き受けた「他者のための存在」であることの終了を告げる変化ともとらえられる。だからこそ，その変化は女性にとって喪失感が大きいのかもしれない。また，ある女性が閉経を経て数年後に「これからは男性に頼らず，自分で生きていこうという，自立心が出てきた」（D）と述べていたように，その身体変化を経て女性は，自分の人生に残された時間は，「他者のための存在ではなく，個人として生きていこう」という新たな意識をもつのかもしれない。

　先に，「女の子」が初潮を迎え「女性」であることを受容するプロセスでは，意識的無意識的に深い心理的変化を含んだ危機を体験するため，周囲に支えられている感覚と自己肯定感を必要とすることを指摘した。それでは，女性が，加齢にともなう変化を受けいれ，主体的に老年期を生きるためには，とりわけ「死につつある」感覚を受けいれるためには，何を必要とするのだろうか。

　ロペス-コルヴォ（2009/2014）は，女性が加齢による外見の衰えに伴う心痛に立ち向かうために必要とする強さの源は，早期乳児期に家族から提供される愛情であると述べ，女性自身の自尊心や愛する能力といった内的資質の重要性を指摘する。この調査で得られた知見からも，女性が，老年期特有の生物学的変化を受容し，変化に処して生きていくために必要とされる強さの源は，周囲に支えられている感覚と，老年期にふさわしい女性としての自己肯定感という内的資質であることが見出された。さらにここでは，老年期の特質として，女性が支えられていると感じる「周囲」の中に，生者だけではなく死者も含まれていることに留意したい。老年期女性は，内的対象である死者に肯定され，死者とともに生きる感覚をもつことによって，自らが「衰え，死につつある」ことを肯定できる。とりわけ，母親の老いと死をいかに「看取ったか」，そし

て内的な母親対象あるいは母親的対象をどのように感じているかは，女性が自らの老いと死をいかにとらえるかに強く影響する。つまり，老年期女性が，衰えゆく身体と自らが「死につつある」感覚を無事に受けいれるためには，「生者と死者の両者から支えられ，肯定されている感覚」を必要とするのである。

3. ロールシャッハ法を通して理解する「女」としてのこころ

　前節までに，老年期に訪れるさまざまなからだの変化を，女性がどのように体験するのかを述べてきた。ここでは，そのような変化を受けて，老年期女性が「女」であることをどのように体験しているか，そして異性をいかにとらえているかについて，ロールシャッハ法に表れるジェンダーイメージを通して考えてみたい。

　ジェンダーとは，社会的・心理的な性の特徴である。タイソン（1982）によると「自分は男／女である」という基本的確信，社会的な性役割を引き受け実行すること，性対象を選択することの3要素で構成される。自分の性についての基本的な確信は発達早期に確立されるが，性役割の実行や性対象選択は生まれ育った環境やパーソナリティが深く絡み合う。ジェンダーの受容と葛藤の変遷が個々の生・性を形作るともいえ，ジェンダーイメージは人生経験を反映する男性／女性イメージととらえられる。

　ここでは，男性／女性イメージに加えて，（男性／女性イメージの原型となる）父親／母親イメージや，（男性／女性イメージの統合により形成される）自己イメージも含めて検討する。それらのありようはこころの世界のものであると同時に，現実の人間関係，ひいては女性性のありように深く関わるものである。

1. ロールシャッハ法とジェンダーイメージ

　ロールシャッハ法は，スイスの精神科医ロールシャッハ（1884-1922）が発表した心理検査である。インクのシミが描かれた10枚の図版を被験者に見せ，見えたものを自由に話してもらう。曖昧な状況の中で「何」を「どこ」に見たのか，そしてそれをどのように説明するのか，という点にその人らしさが表れ

る。

　これまでのジェンダーイメージに関わる研究には，イメージカードを用いたものが多くある。イメージカードとは，ロールシャッハ法の一連の手続きを終えた後に，10枚の図版から「好き／嫌い」なカード，「父親／母親」「男性／女性」「自分」のイメージと一致するカードを選んでもらい，その理由を尋ねるものである。

　井上（1978）によると，イメージカードに表されるのは実在の父親・母親・被験者本人がどうであるとか，本人がそれらを正しくとらえているかどうかではなく，本人が「自分の中に意味づけして取り入れた」父親像・母親像・自己像と理解される（p. 121）。つまり，イメージカードから明らかになるのは，個人がこころに抱く内的対象のイメージである。先に述べたように，こころの世界における内的対象のありようは現実の自己のとらえ方や他者との交流の質，ひいては個人の女性性に深く関わるものである。

　イメージカードを用いたこれまでの知見では，青年期女性の女性性受容をテーマにした松本（1984）や鈴木・髙橋（2005），そして中年期女性のこころの特性に着目した笹田（1993）が参考になるが，老年期女性を対象にしたものは筆者の知る限りとても少ない。そこで筆者は，老年期女性のジェンダーイメージについて検討するため，65歳から75歳の女性25名にロールシャッハ法（名古屋大学式技法；以下，名大法と表記）を行い，イメージカードを尋ねた（西尾，2016）。

　25名の結果をこころの機能（現実検討力や情動の統制力）の面から見渡すと，大きな個人差が認められた。こころの機能の水準がジェンダーイメージのありように影響を与える可能性があるため，詳しい検討は3群に分け，個別に行うこととした。現実検討力（$\Sigma F+\%$），情緒的反応性（ΣC），共感性や対人関係性（M）の3指標に着目して群分けした結果，上位群3名，中位群10名，低位群12名であった。

　老年期は個人差が開くことにより多様性が増す年代である。その多様性や個人に固有の体験を理解するためには事例検討が役に立つため，上位群・中位群・低位群の各群から1名ずつ取り上げて検討する。イメージカードを中心に，ロールシャッハ反応に現れる人物の性別やその反応に対する感情の表れ方

にも着目しながら述べていく。

4. 事例検討

1. 上位群Gさん

Gさんは，長身で気さくな印象の60代後半の女性である。夫と死別し，現在は長子と同居している。Gさんにとって「女らしい」人のイメージとは「小柄でふっくらした」人で，長身でやせ型の自分を女らしいと思ったことは一度もないという。幼い頃に父が他界し，苦労する母の背中を見て育ったことや，結婚して初めて自分が「女」であることを実感したこと，そして子どもを母乳で育てた喜びを語り，女の幸せは結婚して子どもを育てること，「真の女らしさ」とは母のような「我慢」と強調した。現在は男女を問わず友人との交流を楽しんでいるが，自分を女性としてアピールすることは昔から苦手で今でもそれは変わらないと述べ，胸元の開いた服を着る同世代の友人について男性を意識していて派手に感じると述べた。

・ロールシャッハ反応の特徴――人物の性別に着目して

Gさんのロールシャッハ・プロトコルを表4-1に示す。全体を通して，人間運動反応（M）の性別はすべて女性であった。そこでは，女性が身につける衣服について詳細な描写がなされたことが特徴的であり，Gさんが「見られる性」としての女性を強く意識していることが推測された。

また，「プリマドンナが瀕死の白鳥を死にそうになりながら踊っている」といったドラマチックな反応や（Ⅲカード），「宝塚の男役がフィナーレに派手な羽をいっぱいつけて踊るような。男役はスマートでズボンをすっと履いて背が高くて，とても華やかなイメージ」という反応の直後に「羽が重くて飛べない鳥」反応が産出されたことから（Xカード），他者の注目を集めるドラマチックな華やかさと抑うつ感が結びつく点にGさんの女性イメージの特徴が感じられる。

第4章 ● いつまでも，女だから　93

表 4-1　事例 G さんのロールシャッハ・プロトコルの抜粋（名大法）

	Response	inquiry	IC
Ⅲ 22"①∧	①ハイヒールをはいた踊り子。	①ハイヒールをはいた2人の女の子が踊っている。 D_{1+1B}　Ma＋　H,Cg,Rec　P Prec, Dch	女性 IC
②∧	②蝶ネクタイをした人の胸と顔。	②顔，首，下は胴体。 Ddr(Se)　F－　Hd,Orn N	
③∨	③カニ。	③甲羅（D8），ハサミ（D5），口。菱形。 Dd（dr）　F＋　A Hha	
④∧	④タツノオトシゴ。	④この曲線から。 D2　F＋　A N	
⑤∨ 2'24"	⑤足の長いバレリーナ。	⑤トウシューズに短いひらひらのスカートをはいたプリマドンナが瀕死の白鳥を踊っている。ひとりで，死にそうになりながら踊っているところの，よくあるイメージ。 D2　Ma＋　H,Cg,Rec　Prec, Agl	
Ⅳ 09"①∨	①中世のヨーロッパの兵士が着ていた鎧。	①逆三角形の甲冑。ヨーロッパの肩幅広く，キュッとした形。 W　F＋　Cg　Adef, Daut	男性 IC
②∨ 2'05"	②大きな蛾。蛾の大きなの。モスラ？（じっと見る）……ごめんなさい，どうしても，色がついている所に目がいく。	②羽（D3），太い胴体（D2）。なんとなく獰猛な頭。蛾は蝶々より太くて気持ち悪い。……白い所のイメージがつかない。白いほうがたくさん空いているんだけど。 W　F＋　A Adis, Athr	
Ⅷ 08"①∨	①きれい，春の花かごですね。	①春の花のイメージの色。〈かご〉色。かごの形は，本当はもっと広い。 W_A　Csym－　Flo,Imp　Pnat	自己 IC

表4-1 事例Gさんのロールシャッハ・プロトコルの抜粋（名大法）（続き）

	Response	inquiry	IC
②∧	②高い山があって，道があって，その周りにお花畑。	②山は薄いブルーの所で，色と形から雪山をイメージした。お花畑は下の所全体，色から。山から雪解けの水が降りてくるイメージ。 W_B　FC・FV−　Lds　Pnar	
③∧	③両側に動物。クマにしてはやせてる。	③頭，足，首。猛獣のイメージ。雪解けだからクマ。やせてるけど足を踏ん張っている。 D_{1+1}　FMi+A P　Athr	
④∨ 2'34"	④ピンクの部屋にシャンデリア。青いテーブルを囲んで女性が2人向かい合って座っている。	④白い部分が女の横顔に見えた。これが手で，こういう感じ（身ぶり）。上にシャンデリア。色味から。青いテーブルクロスがかかっていて，全体的にピンクっぽい部屋。色と，形。 W_B (Se)　Mp・CF−　H,Hh,Li porn	

・イメージカードと選択理由

　好きなカード　Ⅷ；「山が好き」

　嫌いなカード　Ⅴ；「連想ができなかった」

　父親イメージカード　Ⅹ；「父のことはよくわからない」

　（実の父を幼い頃に亡くし，育ての父に育てられたことや，育ての父は厳しく甘えられなかったことが語られた）

　母親イメージカード　Ⅸ；「母は花が好きだった」

　男性イメージカード　Ⅳ；「肩幅が広い。優しいというより，憎たらしいほどたくましい」

　女性イメージカード　Ⅲ；「ハイヒール。2人で楽しそうに向かい合っている様子」

　自己イメージカード　Ⅷ；「希望が感じられる」

・ジェンダーイメージの検討

　父親／母親イメージカードから，幼少期に父を亡くしたことによる父親イメージの「わからなさ」と，母親への思慕がうかがえる。女性イメージカードでは，「ハイヒール」という女性が身につけるものと，「2人で楽しそうに向かい合っている」という親密さへの注目が見られた。他方，男性イメージカードでは，「肩幅の広さ」という肉体的な特徴が強調され，「憎たらしいほどたくましい」と，強い感情が表された。

　自己イメージカードであるⅧカードには「希望」が連想されている。Ⅷカードのロールシャッハ反応では「春」というイメージと「やせた猛獣が高い雪山で足を踏ん張っている」という反応が出されている。雪山のように過酷な環境の中でも足を踏ん張る獣のイメージは，自身のことを「ひとりで我慢することが身についている」と述べ，「真の女らしさとは母のような我慢」と強調したGさんの言葉にも重なるものである。

　女性イメージ・母親イメージ・自己イメージカードの選択理由には，一貫して肯定的なイメージが表された。生い立ちの中では，育ての父が厳しい人で青年期まで男性と関わることは苦手だったが，結婚してから夫との親密な関係や子育てを通して「女性＝母」になることの喜びを感じたことが語られた。青年期以降のライフイベントを通して「自分であること・女性であること・母であること」が統合され，肯定的な女性・母親・自己イメージが培われたと思われる。

　その一方で，人生初期から続く「女性らしい」外見へのコンプレックスは現在も感じられているようだ。Gさんは，「女性＝小柄でふっくらした可愛らしさ＝注目」というイメージをもっているものの，Gさん自身が可愛らしい女性として見られたい気持ちは否認されており，胸元を強調した服装をする知人に否定的である。背が高くやせているGさんが男性のたくましさを憎たらしく思うのは「宝塚の男役＝男のような女」として感じられる自分と「たくましい男性＝男らしい男」との距離の問題であるのかもしれない。

2．中位群Hさん

　Hさんは，若々しく中性的な雰囲気の70代前半の女性である。中年期に妻

そして母になることの挫折を経験し，現在は内縁の男性（パートナー）と同居している。もともと男性に頼ったり甘えたりすることは苦手で，パートナーとは対等な関係をもつことやお互いに迷惑をかけないことを心がけており，介護などの負担が生じたら別れることもあるかもしれないという。他方，最近はパートナーが重い荷物を持ってくれたり歩道の車道側を歩いてくれたりするようになり，ずいぶん丸くなったと驚いたが，そのさりげない気配りを嬉しく感じると語った。

・ロールシャッハ反応の特徴――人物の性別に着目して

　Hさんのロールシャッハ・プロトコルを表4-2に示す。全体を通して「会話している男性（Ⅲカード）」と「肩を怒らして歩いてくる閻魔大王（Ⅳカード）」という二つの人間運動反応（M）が見られた。遠山（1984）によるとⅢカードは女性の身体イメージカードであるが，HさんはD3領域の人間反応に「突起物（ペニス）」と「胸」の両方を認め，迷った末に「男性」とした。こうしたことから，Hさんの女性イメージは男性イメージと容易に交代しやすいことがうかがえる。

　また，人間運動反応ではないが，性別のある反応や性愛的な表現が見られた。たとえばⅡカードは「可愛い犬の赤ちゃんが鼻を突き合わせてじゃれあう楽しい図」で，「人間でいえばキス」という表現が見られた。さらに，Ⅵカードは「突き進んでいくような感じ」と述べるに留まり反応産出に至らなかったが「突き刺さるような」「大きな魚を射止める銛のような」という表現で陰影に対するショックが表され，続くⅦカードでは「アヒルが歓喜の声を胸を上に向けて鳴き叫んでいる」という表現で雄と雌の求愛が連想された。このように赤い色や陰影に対するショックにより性愛的な反応が見られたことが特徴的であった。

・イメージカードと選択理由
　　好きなカード　Ⅱ；「かわいいワンちゃん。鼻や手を合わせて仲良し，お互いに好き」
　　嫌いなカード　Ⅵ；「突き刺さるっていうか」

表4-2 事例Hさんのロールシャッハ・プロトコルの抜粋（名大法）

	Response	inquiry	IC
Ⅱ 06"①∧ 1'35'	①犬の赤ちゃんが鼻をつき合わせてじゃれ合っている。楽しい図。このチョウがハート型に見える。それ以外ちょっと想像できない。	①耳，鼻，頭，子犬たちが鼻をくっつけて，人間でいえばキスしているようで楽しそう。このチョウがハート型に見えて。〈Q〉羽の形。 D₂　FMa－　A　P　PS, Dor, Dch	母親IC 女性IC 自己IC MLC
Ⅵ 16"①∧ 55"	①どこかをめがけて突き進んでいくような感じ。胴体が大きくてアンバランス……。	①突き刺さると言いました？〈突き進んでいく〉先端。大きな魚を射止める銛のような役目。〈Q〉尖っている所。広がりの部分はわかりません。 W　mF－　Imp　Hh	男性IC MDC
Ⅸ 08"①∧ 1'13"	①いろいろと彫刻してある噴水。真ん中から，器の色合いがミックスされた水が今にも出てきそう。	①豪華な装飾をした噴水のデザイン。ここ（D2）が土台で，噴水。ギザギザした形が噴水の装飾。〈Q〉赤，緑，オレンジに染まった水がずーっと上に来て，飛沫として今にも出てきそう。この空間（d2）を突き進んで。 W_B　mFa　CF－　Fnt　Porn(Hhat)	女性IC 自己IC

男性イメージカード　Ⅵ；「本能的なもの。男性の突き進んでいく，気迫っていう感じ。今男性に求めるのは，保護されたいというか，さりげなく気配りをしてほしい，いざという時頼りになる人でいてほしい，一緒にいて落ち着くのが一番……」

女性イメージカード　Ⅱ・Ⅸの2枚；「心の優しさと（Ⅱ），繊細で綺麗な感じ（Ⅸ）。下から突き上げてくる水を美しく精巧な器で守っているイメージ（Ⅸ）」

父親イメージカード　Ⅴ；「自分の子どもを保護できるようなイメージ」
母親イメージカード　Ⅱ；「恋愛関係ではなくて，親が子を思いやる感じ。肌を合わせて子を守るようなイメージ」
自己イメージカード　Ⅱ・Ⅸ・Ⅹの3枚；「何回も（Ⅱカードは）出てくるけれど，他の人への気づかいができるところ（Ⅱ），自分は女らしくはないけど自分なりにきれいでオシャレでいたいという気持ちがあるところ（Ⅸ），明るくて好奇心があるところ（Ⅹ）」

・ジェンダーイメージの検討

　父親イメージカードと母親イメージカードには，共通して「保護する」「守る」親が連想された。Hさんの内的な両親イメージは包み込むような母性的な存在であり，また，そうした存在に守られていたいという思いも強いようだ。
　Hさんのイメージカードで存在感を放っているのはⅡカードである。Ⅱカードは，まず，母親イメージカードに選ばれた。さらに，女性イメージカードと自己イメージカードにも選ばれたが，共通して「触れ合い慈しむこと」の快感情が表されている。
　女性イメージカードと自己イメージカードに複数のカードが選ばれた点からは，母性的な母親イメージを基盤として女性／自己イメージが構成されていることが示唆される。他方，女性や自己についてひとつのまとまったイメージが確立されておらず，「優しさ」や「きれいさ」そして「好奇心」など，部分的な性質の集合体としてイメージされているため，複数枚が選ばれたとも推測される。
　女性イメージカードに選ばれたⅨカードの反応内容は「噴水の空間を突き進んで水が出ていく」というもので，水という主体が曖昧なものの「突き進む」運動が表された。一方，男性イメージカードに選ばれたⅥカードは（主体が明確にされない何かが）「突き進んでいく」m反応で，「本能的なもの」と連想されている。Ⅵカードは「突き刺す」という鋭く尖ったものの運動の連想から，嫌いなカードにも選ばれた。
　女性／男性イメージに共通して「突き進む」運動が表されているが，同時

に，その運動を統制することの難しさも感じられる。「突き進むもの」を本能的な性愛の欲動ととらえるならば，それはHさんにとって扱いに困るもののようである。その背景には，女性性の受容に関するある種の困難（男性に対する女性として自分自身をとらえ，「突き進むもの」を「受けいれ，保持する」力を発現することの難しさ）があると思われる。

3．低位群Iさん

色白でふくよかな印象の70代前半のIさんは，独身で現在まで独居である。Iさんにとって「女であること」は，社会的には差別され，能力があっても男に従うことを強いられて待遇も悪く損なことばかりというイメージがある。一方で，男女の関係では「女であるからこそ」精神的にも肉体的にも男の優位に立ち快を得ることができるので，最終的には女であることの喜びを感じているという。今もまだ「純粋に女」であるというIさんは「死ぬまで魅力的なからだをもつ女でいたい」と語った。

・ロールシャッハ反応の特徴──人物の性別に着目して

Iさんのロールシャッハ・プロトコルを表4-3に示す。5つの人間運動反応（M）の性別は女性1，性別不能3，男女1であった。Ⅲカードの人間運動反応は「じっときつい目」という理由で左に男性を，「左が男性なので」右に女性を見ているが，ここには男性に「きつい目」で見られるという，Iさんの女性存在としての不安が示されているようだ。また，Ⅷカードの人間運動反応（M）は「女性が股を広げている」という性的関心を示唆する内容であった。

さらに，人間運動反応ではないが，性別のある反応や性愛的な表現が見られた。Ⅳカードの第一反応は「獣が子どもを産み落とした」という出産反応で，続く第四反応は「体の中に呑み込まれる」と，第一反応と反対の動きをもつ非現実的な内容であった。出産反応は「老齢の女性ではひどい心気症的ひきこもりや生殖機能の喪失への関心を示す」（名古屋ロールシャッハ研究会，2011, p.44）とされる。この理解がIさんに直接当てはまるわけではないが，ジェンダーイメージを検討するうえでは留意する必要がある。

また，Ⅹカードではブラジャーという性的反応や「赤ちゃん」という胎児反

表 4-3　事例 I さんのロールシャッハ・プロトコルの抜粋（名大法）

	Response	inquiry	IC
IV 27"①∧	①獣が子どもを産み落とした。	①全体。毛むくじゃら，大きい。ここからずどんと子どもを産んだよう。 W_B　FMa,FT−　A　Bch	男性 IC
②∨	②女性性器。しかしこれ，男か女か……。	②形。 d_1　F−　Sex Bso	
③∨	③左右に獅子。尻尾。	③目，鼻，顔とか。 D_{4+4}　F−　A N	
④∧	④人が体の中に呑み込まれようとしている。	④靴を履いた女性の足。ここが広いので……産み落としたのでもあり，呑み込まれようともしている。 W_B　Mp−　Hd,Cg　Afant	
VII 26"①∧	①踊る6人の人。	①6人の人とぱっと見えたけど，必ずどこかでつながっているから，ひとりの人。 W　Ma−　H　Prec	自己 IC
②∧	②左と右で上のほうが，お互いに吠え合う。	②〈右と左〉これとこれが口で，威嚇しているよう。ここが顔。 D_{2+2}　FMa−　Ad　HH	
③∧ 1'24	③面をかぶっているようにも見える。	③ひょっとこの面のよう。ここが目で鼻。 D_{4+4}　F−　Mask　Adef	
IX 1'09"① ∧	①向かい合っている伊勢エビ。	①オレンジの所。〈Q〉細いぎざぎざの形。 D_{1+1}　FMp+　A　N	女性 IC
②∧	②こま犬。	②青い部分。目。ふざけている感じ。 D_{3+3}　FMa−　A, Stat, Rel Dch,Drel	
③∨	③島。	③青い部分が島，白い部分が湖。 D_3(Se)　F−　Nat, Geo　Aev	
④∧ 3'23"	④男性の体がちぎれていく。	④人の体が離れていく。〈Q〉男性性器。 W_A　mFp−　Hd, Sex　Hsm,Bso	

応が表された。この他にも，全体で4つの性器反応があり，多くの性的反応が表されたことが特徴的であった。

・イメージカードと選択理由
　好きなカード　　Ⅲ；「面白い形をしている」
　嫌いなカード　　Ⅰ；「嫌い・好きは何でも説明がしづらい……」
　父親イメージカード　Ⅵ；「いわゆる父親イメージは強い感じ，一家の長というイメージ」
　母親イメージカード　Ⅹ；「赤い色がある。あと，ブラジャーがある」
　男性イメージカード　Ⅳ；「男って女じゃない，絶対に」
　女性イメージカード　Ⅸ；「金魚みたいなのが4匹いて柔らかい感じ」
　自己イメージカード　Ⅶ；「わからない……心が四方八方に飛んでいるようだから」

・ジェンダーイメージの検討
　父親イメージカードには「強い」という権威的な連想がなされた。また，母親イメージカードには「赤い色」や「ブラジャー」への言及から，母親＝性的な女性という側面が強く感じられているようだ。
　女性イメージカードであるⅨカードには，赤い観賞用の魚である「金魚」や「柔らかさ」が連想されている。だが，ロールシャッハ反応の内容は「男性の体がちぎれる」や男性性器であった。他方，男性イメージカードであるⅣカードでは「獣が子どもを産み落とす」反応や「人が体の中に呑み込まれる」奇怪な反応が見られた。Ⅳ・Ⅸカードにおける女性／男性イメージの交錯からは，出産する女性になるか，男性性器を有する女性になるか，それとも呑み込まれてしまうかというからだと性にまつわる混乱と強い不安が感じられる。さらに，自己イメージカードの説明から，まとまりがなく移ろいやすい内的感覚がうかがえる。
　Ⅰさんは，無理なこととはわかっているが「死ぬまで魅力的なからだをもつ女でいたい」と語った。Ⅰさんのもつ心的男性像は性的対象という性質が強調され，そのような男性から求められるために，自身も性的な「女」であり続け

ようとしているようだ。言いかえれば，性行為は愛情や親密さを感じるものというより，Iさんの寄る辺なさを満たすための手段であるのかもしれない。加齢によるからだの衰えを認めがたく，「女」であることを希求し続けるIさんの内面には，原初的な不安に駆られるこころが理解される。

一方で，Iさんは同世代の友人に孫ができると自分の年齢を実感し，「自分も産んでおけば違った人生になっていたかもしれない」と語った。だが，「よくも悪くも自分がこうして今日まで来たんだから，こうなったのも自分が背負い込まないといけない，今の相手は精神的に尊敬できる人で，この人が最後の人だと思う」とも語った。その語りには，ロールシャッハ場面で見られた現実検討の崩れが強調されて伝わってくることはなく，むしろ率直に感情を交えながら性によって支えられてきたあり方の限界を認めているようであり，これから新たな女性性を発現させていく可能性も感じられたのである。

4．ジェンダーイメージに映し出される女性性

3名の検討から，無意識的な次元におけるジェンダーイメージは，それぞれの生い立ちや大切な他者との関係を反映し，とても個性的であることがわかる。長い成育史を背景とする老年期女性のこころを理解しようとする際，周囲との関わりの中で発達変容を遂げてきたものと，こころの深奥にあり，現在の自他のとらえ方や世界観を形作っている固有の体験を汲み取ることができるという点で，ロールシャッハ法は意義深い手法である。イメージカードの選択理由を尋ねるやりとりから，原家族の思い出や今ともに暮らす家族に感じていることも共有され，個人の理解に活用することができた。

3名のジェンダーイメージには性的な表現が見られたことから，からだの生殖機能は終了しても，イメージの次元で性愛のこころは生き生きと感じられていることが理解される。その表され方は，「上位群」であるGさんのほうが「下位群」であるIさんよりも間接的であった。こころの機能の水準により，ジェンダーイメージのありよう，とりわけ性愛を感じるこころのありようは異なると思われた。

現在，介護施設や病院で見られる入所者同士の恋愛や，入所者が介護者に向ける性愛的感情をどのように理解し対応するかは，臨床現場における大切な

テーマのひとつとなっている。だが，心理臨床における老年期の性愛のこころを扱う研究は少ない。ここに示したように，ロールシャッハ法を用いることによって，女性個人が，どのように性と心を結びつけ，女性という存在としての自らを生きてきたか，また，どのような人との関わりの中で歩んできたかをイメージの次元から理解することができる。臨床的な配慮のもとで適切に用いられた時，ロールシャッハ法は一人ひとりの女性を理解するために役立つ多くのイメージをもたらしてくれるのである。それはまた，老年期の女性性について新たな知見をもたらし，こころの援助のあり方にも示唆を与えてくれる。このように固有で多様なこころの世界が私たち一人ひとりの内界にあることを知ることで，老年期の性や性愛のこころに対してこれまでとは異なる視点が生まれるのではないだろうか。

● Column ●
TAT・ロールシャッハ法・バウムテストについて

　テストバッテリーとは，心理療法のアセスメント段階で，適切な見立てをするために，心理検査を組み合わせて用いることである。
　ひとりの人を取り巻く環境は多様な側面をもつため，さまざまな視点をもつことが必要である。複数の異なる視点をもつために，いくつかの心理検査を行う。それらの結果を組み合わせることによって，より包括的な理解を行うことができる。本文では，バウムテストとTAT，さらにロールシャッハ法という三つの心理検査を用いた調査を紹介した。三つの技法は，それぞれどのような視点を備えているのだろうか。
　バウムテストは，鉛筆で木を描くシンプルな技法である。被検者に1枚のケント紙を示し，「実のなる木を1本描いてください」と教示する。描かれた木には，被検者の自己像が映し出されやすいと言われているが（藤岡・吉川, 1971；高橋・高橋, 1986），鶴田（2007）によると，木を描くという行為は風景や人物を描くことよりも「自己イメージをより深い層でより直接的に表現する」（p.126）印象が強く，そのためか臨床現場ではバウムテストを拒絶する人は多いという。鍋田（2003）は，描かれたバウムから被検者の心理的世界が極めて深い水準まで読み取れることがあるため，臨床において極めて有用な方法と述べている。バウムテストには，角野（2004）が指摘するように，こころの表層から深層まであらゆる層が投影される可能性があるため，その奥底を見極めることが重要である。
　イメージを描く技法であるバウムテストに対して，TATとロールシャッハ法はイメージを語る技法である。TATは図版に描かれた人間関係をどう見立てたのか，「過去・現在・未来」をいかに物語るかを通して，個人の価値観や他者との関わり方，そして無意識的な空想に対する理解を深める。
　それに対してロールシャッハ法は，インクのシミというあいまいな刺激が描かれた10枚の図版を見て，見えたものを自由に語ってもらう。「何がどこに見えているのか（知覚・統覚機能）」を通してパーソナリティや病理を見立てる。インクのシミという刺激の特徴や自由に見えたものを述べるという検査法により，答える際の意識的コントロールが困難なため，馬場（1997）によると「最も深層的な心理水準を投影させるテスト」（同，p.124）である。

他方，鈴木（2004）と高瀬（2008）は，TATとロールシャッハ法にそれぞれの特徴を認めながらも，両者はどちらも対人関係における個人の経験を反映しており，投影されるこころの水準に明らかな差は認められないと述べている。鈴木は，TATとロールシャッハ法には，三つの違いがあるという。それは，①ロールシャッハ法のインクのシミは偶然出来上がったものとみなされるのに対し，TAT図版は意図なくしては生れえなかったものとみなされるため，TAT被検者は答える際に「正解」を意識する。②TATでは，人間場面の中から自分に馴染みのあるものが選ばれるのに対して，ロールシャッハ法では森羅万象の中から自分に馴染みのあるものが呼び出される。③TATでは人物の表情の見分けが重要になるのに対し，ロールシャッハ法の人間反応ではボディシェーマが基盤となる。また，TAT反応は言語性IQと密接な関係があるが，ロールシャッハ反応は言語性IQとほとんど関係がないという見方もある（高瀬，2008）。

　このように，各技法のとらえ方は研究者によって異なり，さらに被検者の個性，検査状況にも影響されると思われる。これらの知見をふまえて，筆者は，バウムテスト・TAT・ロールシャッハ法という3技法の結果を組み合わせて用いることとした。老い・死・性愛といった，老年期女性のこころを考える際に重要な課題について，各技法の利点と特質をふまえて立体的に考察する試みはこれまでになく，有意義である。

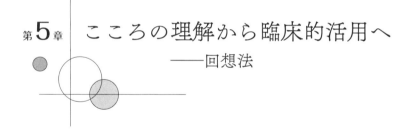

第5章 こころの理解から臨床的活用へ
——回想法

　本章では，これまでに得られた理解をふまえて老年期女性に対する心理的援助のあり方について考察していく。最初に，老いを生きるこころを支援する方法として臨床の現場で多く用いられている回想法を取り上げて，回想の語り手と聴き手の間で何が起きているのかを検討する。

1．「私」を紡ぐ語り
——回想法を通した「インテグリティ（Integrity）」の質的検討

　「回想法（Life Review）」は，米国の精神科医バトラーによって提唱された心理療法の技法である（Butler, 1963; Lewis & Butler, 1974）。「高齢者の過去の人生の歴史に焦点をあて，過去，現在，未来へと連なるライフヒストリーを傾聴することを通じ，その心を支えることを目的とする技法」（黒川，2008，p. 76）として高齢化の進展する先進国を中心に発展し，その過程で回想法の実践は多様化した。たとえば，遊びの要素を取り入れた集団回想法では，視覚・聴覚に刺激を与えて回想をうながすために，生活道具，写真，音楽などの材料が用いられることもある。このように，アクティビティという枠組みで行われる回想法は，作業療法士や看護師等の専門職が聴き手を担うことも多い。

　しかし，回想法を編み出したバトラー自身は心理療法という枠組みで回想法をとらえていたように，回想にともない生起する罪悪感や後悔を含めて，個々の語りを傾聴することを中心に据える流れもある。バトラー（1963）はそのような個人回想法の効果のひとつとして，語り手のパーソナリティの再構築，ひいては語り手の自我同一性の「インテグリティ（Integrity）」の促進をあげた。

インテグリティ[1]とは，エリクソン（1950; 1959; 1980; 1997）が老年期の心理社会的課題として提示したもので，その意味するところは「一貫性と全体性の感覚」（Erikson., 1997/2001, p. 85）である。また，インテグリティの特性として「1回限りのライフサイクルを受容すること」「人生の中で重要な存在であった人々を，あるべきものとして，また必然的に，かけがえのない存在として受容すること」「自分の人生は自分自身の責任であるという事実を受け容れること」が示されている（Erikson., 1980/2011, p. 106-107）。

だが，回想法によってインテグリティが促進される内的プロセスや，集団ではなく一対一で回想法を行うことの効能については，まだ明らかにされていないのが現状である。

1.「インテグリティ」と女性性について

ところで，エリクソン（1968）は，女性のアイデンティティは男性のそれと異なり，他者との親密な関係の中で目覚め，確立していくと述べている。また，女性は身体の点で基本的に男性とたいへん違うことを指摘し，それゆえ，女性の自我は男性と異なる特別な課題をもつという。その特別な課題とは，身体と役割と個性という複数の要素をひとつに結びつけるように努めるというものである。これから述べていく回想法の事例研究では，上記のエリクソンの言葉を手がかりに，ある70代女性の回想法を力動的に読み解いてゆく。

まず，語り手と聴き手の間で「何が起きているのか」について着目しながら，人生を語ることの語り手の内的体験について理解を深めることから始めたい。その理解をもとに，事例における「身体と役割と個性とを結びつけるように努めるという課題」について検討する。さらに，女性性の発達に重要な意味

---

[1] 従来，エリクソンが提示したIntegrityという言葉は「統合」と訳されることが一般的であった。しかし，Integrityという言葉には「全体性，無欠の状態，本来の姿」や「清廉，高潔，正直」という複数の意味がある。一方，日本語の「統合」とは「各部分が一つの全体へと結びつけられ組織化される過程」（小此木，2002c, p. 366）である。さらに「統合」は，英語ではintegrationであり，「融合」や「異人種間の融和」という意味を含む。このように"Integrity"に対する従来の訳語「統合」は，原語のもつ複数の意味を十分に表すとは言いがたい。エリクソンの思想に造詣が深い西平・中島（2011）もintegrationとIntegrityを区別し，エリクソンの選んだIntegrityの言葉が本来有する意味を尊重するために，Integrityの訳語に「インテグリティ」という片仮名を用いている。そこで本節では，西平・中島を参照して，Integrityの訳語として「インテグリティ」を用いる。

をもつ，母親あるいは母親的養育者や異性との関係性が，老年期においてはどのような意味をもつのかについても論じる。このようにして，回想法によって促進されると言われる「インテグリティ」の女性らしいあり方についての考察を行う[2]。

2．個人回想法とバウムテストの実施

回想の語り手は，地域の高齢者が集う生涯施設で募集した。女性9名の協力を得た中で，筆者が個別回想法を行ったMさんを取り上げる。Mさんは70代後半の女性で，中年後期に夫と死別し，現在独居である。

回想法の回数は，語り手のこころの負担が最小限であることに留意し，1時間のセッションを4回行うこととした。頻度は原則1週間に1回とした。また，回想法の実施前後での心理状態の比較のため，回想法の実施前（初回）と実施後（4回目）にバウムテストを行った。回想の教示は「あなたの人生をお話しいただけますか」とし，回想中の介入は最小限にとどめ，傾聴を心がけた。

3．回 想 法

・セッション1回目

〈Mさんの人生をお話しいただけますか〉という教示に対し，「4人の母」の話から始まる。Mさんには「産みの母」「ごく小さい頃の育ての母」「幼少期から成人期までの育ての母」「姑」の4人の母がいるという。回想が思わぬ話から始まったことに聴き手が驚きを隠せずにいると，Mさんはその経緯を語り始めた。曰く，Mさん自身には実の両親や生家の記憶はなく，幼少期から養父母のもとで育った。Mさんが就学前に養母が病死した後，Mさんにとっては3番目の母となる養母に一番長くお世話になった。Mさん自身が養女であることを知ったのは，成人後であった。「父」から示された戸籍謄本にある実母の名をMさんは直視できなかったが，今ではそれが悔やまれる。このよ

---

[2] 本節は京都大学大学院教育学研究科高齢者心理臨床研究会（SENEX）で行った「老年期における回想と回想を語ることの主観的体験についての研究」における筆者の担当事例を，筆者の視点からまとめ直したものである。共同研究では本事例の詳しい検討はなく，未発表の内容である。

うにして，出自を知った時の衝撃を感じさせるエピソードから，回想は始まった。以下，Mさんの語り方を尊重して，養父を父，3番目の養母を母と記す。

続いて，幼稚園から結婚するまでの出来事が順を追って想起された。田んぼに囲まれて育った幼少期は，滑り台を逆さまに上がったり，幼稚園に「行きたくない」とわがままを言ったり，お転婆だった。小学校入学時に町中に転居したが，そこでも男の子とばかり遊んでいた。戦争中は疎開もしたが，敗戦を迎え，女学校に入学した。高校卒業後は，実家で花嫁修業をして過ごした。アルバイトのような感覚で，振袖を着て季節の行事に参加する観光関係の仕事をしていたこともある。

美しい振袖をまとう仕事は娘時代の良い思い出として語られ，当時のMさんの華やかさが聴き手にも伝わってくる。また，その仕事がきっかけで夫に見初められて結婚したともいう。Mさんは，自分は養女ではあったけれど実子と分け隔てなく育てられたことを強調し，4人の「お母さん」とは楽しいことも辛いこともいろいろな思い出があるが，今となってはその思い出を財産のように感じると語った。

最後に，机に指で地図を描きつつ，ちんちん電車が走っていた頃の町の様子や，今のように下水が整備されていない頃に町中に流れていた川の水量や色，戦時中に拡大された大きな道のことなど，地元の風景の変遷を細かく語る。聴き手である筆者は，まるでタイムスリップをしたような感覚を感じつつ聴いているうちに時間となり，1回目の回想法は終了した。

・セッション2回目

Mさんは「小学校からのお話にしましょうか」と滑らかに話し出した。小学校の入学式に合わせて郊外から町中へ転居してきたため，最初は友達ができず寂しく感じていた。しかし，学級担任の女性の先生はそんなMさんを細やかに気にかけてくれる優しい先生で，大好きだった。新しい環境に慣れると男友達と一緒に野原や川で外遊びに興じたが，妹や弟はMさんと正反対のおとなしい性質であまり外に出てこなかった。小学校では，絵画で賞をとったこともある。自分は絵が上手なわけではないけれど，特賞をとれたのは，美的センスに優れ，とびきりの趣味人でもあった父の影響だったのかもしれない。さら

にMさんは，夕暮れ時に床几に座って囲碁将棋に興じる大人たちや，コウモリやトンボを手製の道具で捕まえる男の子たちなど，空の色や人々の様子を生き生きと語った。

　戦争末期は疎開を余儀なくされ，勤労奉仕で慣れない田植えを手伝った。「そんな話を今すると，孫も驚きます」と茶目っ気を交えながら，足に血を吸うヒルがたくさんついて嫌だったことや，芋掘り，麦刈りをしていた日々を想起する。戦時中は「十三参り」も今のように派手にはできず，紺の上着とズボンだったが，裏地は臙脂の水玉模様で，洒落たものを着せてもらったという語りに，聴き手は庶民の知恵と愛情に感動を覚える。さらに，戦後入学した女学校の制服について，カバンの色やリボンのふくらみに至るまで細かく描写する。高校時代には将来は秘書になりたいという夢をもち，タイプライターを練習した。芸術や芸能に造詣が深い父のおかげでMさんは今でも音楽や絵が好きである。「DNAがあったのか（笑）」，子どもや孫も絵や音楽が好きで，Mさんは今，孫たちの発表会の「追っかけ」をしている。

　聴き手にとって，2回目の回想は初回よりさらに色鮮やかで音にも情緒にも溢れているように感じられた。

・セッション3回目

　髪をきれいにセットしているMさんに，聴き手が〈ヘアスタイルを変えられましたか〉と問うと，馴染みの美容院に行って整えてきたと応え，若い頃は黒髪を長く伸ばしていたと語りだす。夫を亡くしてから髪を切り，今ではずいぶん量も少なくなったが，祖母はいつも艶とコシのあるたっぷりとした自分の髪を褒め，妹はそれを聞いてひがんでいた。妹や弟の髪はとうもろこしのヒゲのように細くて柔らかい。その代わり，妹や弟は肌の色が白く，自分の肌は白くない。やはり色素が違うという話から，「産んでくれたお母さん」と「育ててくれたお母さん」に話が及ぶ。

　「産んでくれたお母さん」は，せめてお墓参りをしたいと思うが，それも叶わぬことなので心の中で拝んでいる。一番恩を感じているのは「育ててくれたお母さん」だが，その母は気が弱くおとなしかった。暮らしに必要な大概のものは家に来る御用聞きから買う生活で，あまり外に出ない，本当の「奥さん」

だった。ポンポン口答えをする自分は，ずいぶん母を困らせて泣かせていた。「本当にすぐ泣くんですよ」。妹たちと母のお墓参りに行くと，時々にわか雨が降ってきて，やっぱり母は泣き虫だったと笑い合うくらいである。その母が亡くなった後に，日記が出てきた。そこには母が折々に作った短歌が書かれていて，その中には孫（Mさんにとっては子）を題材にした歌もあり驚いた。それらは記念に短冊に書き写して子どもに渡した。そんなことがきっかけでMさんも今，歌を詠むようになった。Mさんがいくつか諳んじた短歌は，Mさんの孫や日常の一コマを題材にした心温まるものであった。

　育った家には田舎から住み込みで花嫁修業に来る「姉やさん」がいた。姉やさんに学校の宿題を手伝ってもらったこともあるし，姉やさんの好きな歌を一緒に覚えたこともある。もっとも，母からは，姉やさんに甘えてはいけないと厳しく躾けられた。Mさんが家族が使う「上便所」だけを掃除したら，姉やさんが使う「下便所」も掃除しなさいと注意されたことなど，Mさんは母にまつわる数々のエピソードを想起しながら，振り返ってみると母は優しいだけではなく，自分のようなわがまま娘を育ててくれて，本当は芯の強い女性だったのではないかと感慨深げであった。

　中学校になると男の子と遊ぶこともなくなった。父が洋風のスタイルブックを見てあつらえてくれたスカートやコートは色彩もデザインも美しかった。また，冬になると，当時は珍しかったブーツも用意してくれた。絹靴下を履いていたら，上級生にとがめられて怖かったけれど，言い返したこともある。上質の布で仕立てられた袴をつけて外出した時には「宝塚の人」と間違えられた。成人後にその袴はスーツに作り直したけれど，その袴は妹たちは作ってもらっていなかったように思う。

　この回，聴き手は，児童期から思春期にかけてのMさんの変化を垣間見たように感じた。また，Mさんの語りを聴きながら幸田文の小説『きもの』(1996)[3]が思い出され，昭和の女性にとって，着物や洋服が今より貴重品であったことは想像にかたくないが，Mさんにとって「着物」はどのような意味があるのだろうかと思いをめぐらせた。この回の終わりに，聴き手はMさ

3）　大正から昭和初期の東京を舞台に，女性の半生をきものを通して描いた幸田の自伝的小説。

んからバレンタインデーのチョコレートを渡された。うさぎ型の箱に入った可愛らしいものだった。

・セッション4回目

　青春時代の話から始まる。高校時代は放送クラブで映画や音楽を取材したり，新聞を作ったりしていたが，当時はまだ活版印刷で仕上げていたこと，親に秘密で社交ダンスを習ったことなど，楽しかった思い出が想起される。そして，小さい時から文学・音楽・絵画など，質の良い芸術に触れさせてもらったことは，後々まで役に立ったと父の思い出を話す。父は馴染みの洋品店から布地を買い，子どもたちそれぞれに合うデザインであつらえてくれた。父のあつらえたものしか着せてもらえなかった娘時代を思うと，養女であっても，そういうかたちで，実子と分け隔てなく育ててもらったと感謝が湧く。結婚して子どもが生まれたが，芸術を愛する遺伝子は子どもたち，孫にまで引き継がれているように思う。

　縁あって結婚してからは，娘時代とは違う苦労があった。同居した姑は一家の財布を握るしっかりした人だった。いつでも姑と一緒に行動していたので，近所の人からは「実の母娘」と間違われたが，Mさんは姑から「頼りない嫁」と嫌味を言われたこともある。姑が認知症になった際には，財布を盗ったと疑われたり，姑が便所に落とした財布を一緒に探したりした。けれども，自分がこの年になって初めて思い至ることもある。姑から見たら，自分は確かに「頼りない嫁」であっただろう。Mさんは先に逝った夫や姑についてそれ以上多くは語らず，ただ，ひとりで家にいては気が滅入ってたまらないと，働きに出たという。いくつかの仕事を経験したが，どの仕事でも，小さい頃に美しいものに触れさせてもらった経験が役立ったと言い，中でも着物に関わる仕事が，一番それを活かせたように思うと語った。職場の近くには警察署があり，そこで行われた「拷問の展示」で首吊り台や手錠を見たこともあったというが，それまでと一転してグロテスクなエピソードに聴き手は唐突な印象を受けた。

　後半は子どもたちや孫にまつわる話になり，親戚縁者の最近の動向を述べた後に，しみじみと「人生って不思議」，人と人とのつながりの中に「縁」や「絆」を感じると語る。「子どもたちもわが道を行くし，それぞれの孫もそう。

私も今は自分のしたいことをしています」と述べる。聴き手が終了時間が来た旨を告げると、人生の中で自分ほどいろいろなことを経験した人は少ないのではないか、今まで生きてきたことに悔いはないですと笑い、Mさんは回想を終えた。聴き手は、事実は小説よりも奇なりという言葉のごとく、Mさんの人生は貴重で数奇かつ豊かなものであると感じられ、Mさんが最後に述べた言葉に素直に共感を覚えた。

4. バウムテスト
回想法前後に行ったバウムテスト（模写）を図5-1と図5-2に掲載した。

・バウムテスト（回想法前）の様子

筆者が教示を述べると、ささっと迷いなく描く。描いている手元は筆者から見えない。描き終わった後で〈描かれてみていかがでしょうか〉と筆者が聞くと、「絵は好きだけど下手で」と笑って手をふる。〈どんな木を描かれたのか教えてください〉と問うと、「柿の木です」と笑い、また手をふる。筆者はこれ以上問うことがばかられ、バウムテストを終了する。

・バウムテスト（回想法後）の様子

筆者が教示を述べると、少し考えた後で、「どういうふうに描こうかなあ

図5-1　回想法前のバウム（模写）

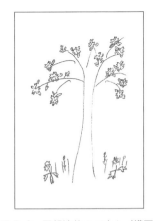
図5-2　回想法後のバウム（模写）

……」。描きながら次のように話す。「桜の花です。サクランボできますね。桜餅も葉っぱで作れますね。まだちょっと満開までにはなりません。桜餅，おいしいですよ。椿餅もおいしいですよ。和菓子は菜の花，紫陽花，梅，いろんなお饅頭がありますね。美味しいお煎茶を淹れようかなというかたちになりますね……。このサクランボもね，疎開している時に山桜に黒い実ができるんです。熟したら黒くなるのかな。男の子が取ってくれたのを食べる。食べて帰ったら，山行ってきたわねっておばさんに言われる。なんでわかるんだろうと思うけれど，口が黒くなっているって言われる。桜は一重も好きですけど，八重も好きです。一重は，ぱっと咲いてぱっと散ります。八重は長いこと咲いている」。描き終わって次のように話す。

「(描いた木は) 山桜とのあいのこかな。タンポポとつくしも顔を出している」〈どんな所に立っているんですか〉「近くの川に。和歌がありますね。『見渡せば柳桜をこきまぜて都ぞ春の錦なりける』ってね。私は川が大好きです」〈気持ちのいい春の風景なんですね〉「ここに柳を描きたいくらい(笑)」

バウムテストの終了を告げると，Mさんは，今日は大安なので，この後娘の家に行ってお雛様を飾ろうと思うと述べた。それは，娘に母から贈ってもらった立ち雛だという。そして，バスに乗って来る途中に窓から大きくっきりした虹が見えたが，あれほど7色きれいな虹は珍しい，虹のそばにいてもわからないけれど，どこから根があるのかなと思って見ていたと述べた。聴き手は，Mさんともう少し話していたいような気持ちと別れの寂しさを感じながら，感謝と挨拶を述べた。回想法を通してMさんと聴き手の関係が深まったことを実感する名残惜しい別れであった。

5. アンケート結果

後日送られてきたアンケートには，「自分のこと，子どものこと，孫のこと等が走馬灯のように頭の中を通り過ぎ，今までの辛かったと思っていたことが懐かしく思い出されて嬉しくなり，今の自分はとても幸せに思えました。4人の母のこと，主人のこと等，一人ひとりについて考えられる時間ができました。また，時間をつくり思い出したいと思います」とあった。

2. 回想の語りとバウムテストの検討——語り手の内的体験を中心に

4回の回想法セッションを概観すると，生い立ちから娘時代までの想起が大半を占めていた。Мさんは，幼少期から順番に話そうと試みたものの，中年期以降の出来事を語る時間が足りなくなったのだろうか。それとも，中年期以降の時代は避けて語られたのだろうか。もし，回想法セッションを8回もっていたら，どのような結果が得られたであろうか。さまざまな可能性が考えられるが，ここでは，4回という回数の限界をふまえながら，与えられた素材をもとに検討したい。検討の際は，回想の語り手の内的世界の理解を十分に行うために，回想の内容だけではなく，声の強弱・笑い・語り口等の情緒的要素や，言葉と言葉の間合いなどの非言語的要素，さらに，聴き手の中で生じる感情にも注目した。

1.「4人の母親」について

Мさんは回想法初回の冒頭に「4人の母親」がいることを語り，2回目，3回目でも「4人の母親」について繰り返し述べている。Мさんは実母の記憶はなく，結婚するまで自分が養女だったことを知らなかったという。その言葉は，Мさんが養父母の細やかな心遣いのもとで育てられたことを物語る。しかしながら，発達早期に母親と安定した関係を築くことが難しかったことや，養女として引き取られてからさらに最初の養母を失ったこと，そして，2番目の養母が来て腹違いの妹や弟が生まれたことは，Мさんの女性性の形成に大きな影響を与えたと思われる。

クライン (1928; 1932; 1945) やエリクソン (1968) が述べているように，娘がいかに母親の属性を取り入れて同一化するかは，女性性形成の肝といえる。滋養のある乳によって満ち足りた感覚を与えてくれる良い乳房との別れ（離乳）は，乳児が愛情を母親から父親に向け変えるきっかけとなるとも言われている。さらにその過程では，母親に依存することに続いて，父親の愛情をめぐって母親との間に競争的関係が現れること，さらに，母親との競争的関係を超えて母親と連帯するという，母子関係をめぐる心理的葛藤が存在する。

Mさんが一番お世話になったと述べる3番目の母は，内向的で，Mさんが口答えをすると泣いてしまうほど気が弱いと語られる。一方で，Mさんが姉やさんに甘えたり，便所掃除を怠ると厳しく怒る母でもあった。Mさんにとってその母は，小学校入学時の担任の先生のように，Mさんの寂しさや心細さを汲んで親密に接してくれる「大好きな」存在ではなく，不安定で頼れず，Mさんの罪悪感を刺激する存在として描写されている。クラインは，発達早期の母親との同一化は肛門サディズムの水準がかなり大きく占めているため，幼い女児は残酷な超自我を形成すると述べた。しかし，母親との同一化の性器愛的な基礎が安定すればするほど，女児の超自我は寛大な母親という理想像の献身的な愛情によって特徴づけられるようになるともいう。Mさんが当初想起した内容からは，Mさんの内的母親像は，発達早期の母親との同一化に基づき，不安定で厳しい肛門サディズムの性質を帯びていたことが推測される。義母である4番目の母親について，お財布をずっと握っていたことや便所に財布を落としたことの語りにも，同様の性質が感じられる。

　対照的に，父親に関する語りには，思慕と愛着が一貫して感じられる。父からは，芸術に対する感性や教養，そして美しい装いという，Mさんが女性として生きるために役立つ良いものを十分に与えてもらったとMさんは語る。そこには，自分を庇護してくれる父親への愛情を増すことで，母親的養育者との同一化の基盤の弱さに由来する寂しさや依存心，承認欲求を埋めようとしていた面もあったのかもしれない。あるいは，その語りは父親の愛情をめぐる母とのライバル関係を示唆するのかもしれない。しかし，「育ててくれた母親に一番恩を感じている」という語りや，「今になってみればお義母さんの気持ちがわかる」という語りからは，70代になったMさんは，若い頃とは違った感覚で「母」をとらえていることがうかがえる。とりわけ，3番目の母の死後その日記に短歌を発見したことの驚きは聴き手にも印象的なエピソードであった。短歌に表された母の喜怒哀楽を知ることは，Mさんにとって母をひとりの女性としてとらえ直す契機となったようである。それはまた，母が自分や孫に向けていた愛情を実感し，母子の絆を確認する体験でもあったと思われる。Mさんが母の死後に短歌を習い始め，日常や孫を題材にして短歌を作ることや，母の立ち雛を娘の家に飾りに行くことは，良い母を取り入れ，「母−自分−

娘-孫」の絆を紡ぐ創造的な行為ともいえる。

　回想を重ねるにつれて，Mさんの語りは父親から与えられた良いものの強調から，母親から与えられた良いものの発見，そして自分が次の世代に与えるものの創造へと変化が見られる。同時に，Mさんの語りからうかがい知れる内的対象としての母親との関係も，不安定で厳しい性質を帯びたライバル的関係から，女性同士の連帯に基づく安定した関係へと移行しているように思われた。

2.「装うもの」を通して語られる父との結びつき

　Mさんの回想には，随所に服装の描写が織り込まれていた。幼稚園の制服や十三参りの装いについて語る時のMさんは楽しそうであった。現代より女性の娯楽が少ない時代であることを考慮に入れても，Mさんの語りは抜きん出て「装うもの」についての言及が多く，色彩に富み華やかであった。ここでは，装うものがMさんにとってどのような意味をもつのかについて考えてみたい。

　Mさんは，美しい服装を父から調えてもらったことを想起した後に，養女ではあったが実子と分け隔てなく育ててもらったことを語った。Mさんにとって，父の選んだ服装で装うことは，父の愛情をまとうことであったと思われる。また，父親がMさんに向ける理想の女性像を引き受けることでもあっただろう。Mさんは意識的無意識的にその愛情や願望に応えていたようだ。思春期のMさんが秘書になることを思い描いたということからも，父親的存在を支える女性になりたいという，父に向けられた愛情希求がうかがえる。父親との関係の中で，Mさんは自己愛を満たすと同時に，父親への愛着と，それが報いられる喜びを体験していたと思われる。

　美しい装いは，官能的でもある。それは，他者を魅了するだけではなく，着る者を酔わせる，あるいは覚醒させる効果をもつ。なぜなら，美しい布地で作られた着物に袖を通すことは，それ自体が官能的な行為であるからだ。素材，特に絹のしっとりした触感は肌を喜ばせる。体の曲線を引き立てるデザインと，肌を彩る色は目を喜ばせる。その着物が父である男性の贈り物であれば，娘は，自分自身が女性という性的存在であることを感知し，その性を意識する

だろう。さらに，Mさんは振袖姿の自分を夫となる男性から見初められ求婚されたと語った。そして夫が他界した時，失意から立ち直るためにMさんが選んだ仕事は，「装うもの」に関するものであった。このように，美しく装うことは，自らを庇護してくれる異性から愛されることと結びついて，Mさんに感じられていたことがうかがえる。しかし今，Mさんの女盛りは過ぎ，Mさんが昔のように美しい着物をまとって賞賛のまなざしを受けることはない。だからこそ，昔咲かせた花を愛でるようなMさんの語りには色気が感じられる。それは，特定の異性との間で発せられるものではなく，特定の異性を想って語られる言葉によって聴き手と共有できるものとなっている。Mさんは，美しい着物の思い出に託して，心的次元における性愛の体験をなぞっているとも言える。これは，性愛の普遍化されたひとつのかたちであり，老年期特有の女性性，特にセクシュアリティのひとつのあり方ととらえられる。

3. バウムテストの変化

　回想法前後のバウムテストには，顕著な変化が見られた。回想法前のバウムは，たわわに実をつけた柿の木であった。適切な大きさでまとまりのあるバウムからは，描き手であるMさんの心的エネルギーが十分に感じられる。一方で，木は大地から浮き上がり，地面線は波打っている。大地との接触不良は，Mさんが「存在すること」にまつわる不安を抱えていることを示唆する。ほとんどの枝が幹と接触していない点や，幹先端が鉛筆の先のように閉じられていることから，木全体に有機的なまとまりが希少で，部分を継ぎ足して構成されているようにも見え，それはMさん自身の自己感を表すとも考えられる。

　回想法後のバウムは，画用紙ほぼ中央に描かれた桜の木であった。描線の柔らかさや細めの幹のくびれ，散りばめられた桜の花から，たおやかな印象である。地面の面積が増え，タンポポやつくしに囲まれた木の根元もより大地に根ざしている。木の安定感が増し，調和の雰囲気が漂っている。

　Mさんは，バウムを描きながら「桜餅，椿餅」などの和菓子を次々に連想した。また，さくらんぼの黒い実を食べると口の中が真っ黒になり，おばさんに怒られたエピソードも想起した。気持ちがゆるみ，心理的退行の中で描いていたことがうかがえる。さらにMさんは，この木はMさんの好きな川のほと

りに立つ，山桜と街に咲く桜の「あいのこ」と述べている。このことから，描かれたバウムには養女であるMさん自身が表現されていると考えられる。バウムを囲むように描かれたつくしやタンポポはMさんの孫たち（男・女）であると見立てることもできるだろう。

　回想法前後でバウムの季節は秋から春になり，描画全体から醸し出される雰囲気も，不安定で硬いものから，調和や華やかさが感じられるものに変化した。これらは回想法による心理的変化を表すと思われ，さまざまな角度から検討が可能である。たとえば，回想法前のバウムは，初対面の聴き手との検査場面におけるMさんの心理状態を示しているとも考えられる。それは，やや防衛的でその場に根ざしていないあり方である。他方，回想法後のバウムは，聴き手である筆者との関係性も深まった上で描かれており，より意識的無意識的な投影水準が深いと考えられる。

　以上の理解をふまえて，次に，幹先端の変化に注目する。回想法前後の幹先端の変化を一言で表すと，回想法前は閉じており，回想法後は開いている。この変化はどのように解釈できるだろうか。奥田（2005）は，幹先端を処理する際に描き手に引き起こされる感覚として，①幹先端の開放をどうするか，②幹の内実・エネルギーをどう方向づけるか，③外・周囲との関係をどうつくっていくか，の3点をあげ，これら幹先端処理に対する方略として「分化」と「包冠」の2種類があると整理している。「分化」とは，「幹の内実・エネルギーを何らかの方向づけをして処理すること」であり，「包冠」とは「一定のエリアを形成することで先端を包んで処理すること」である（p.191）。Mさんの回想法前のバウムは幹上部が鋭角に閉じられ，その先端に実をつけた枝が描かれている。これは，幹に流れるエネルギーを閉じるためになされた「分化」のひとつであり，その中でも幹の展開がない最もシンプルな処理方法である。

　回想法後のバウムの幹先端は，回想法前と同様に鋭角の形状によって幹の先端部が表現されているものの，漏斗のように伸びやかに開いて枝となり花をつけている。同じ「分化」でも見る者に与える印象は大きく異なる。漏斗状の幹先端処理は，山中（1976）や岸本（2002）の研究では自我境界の脆弱さととらえられているが，ここでは，そこに病理的な意味を読み取るのではなく，次

の二つの視点を提示する。まず，先に奥田（2005）で引用した③外・周囲との関係をどうつくっていくか，という点でのMさんの意識の変化である。つまり回想法前には幹（自分）に流れるエネルギーを「閉じる」ことに重きが置かれているが，回想法後には周囲と「つながる」ことに重きが置かれていると理解することができる。回想法後のバウムは，より伸びやかで柔らかい。回想法4回目でMさんは，人と人との縁起の中で自分が生かされていることの不思議さを実感したことを述べている。この世の「私」は他と切り離された部分の集合ではなく，周囲との関係性の中にあり，お互いに相互作用するものであるとの実感が，自らと他者をゆるやかにつなぐ幹の開放に表れていると考えられる。

　奥田はまた，幹先端は植物の成長点に当たると述べている。成長点は，これから何になるかわからないという未分化な性質とともに，何にでもなることができるという全能性をあわせ持つ。「未分化」かつ「全能性」という象徴的イメージをいかに処理するかという点に，描き手の個性が表れる。回想法後にMさんが描いたバウムに見られる幹先端の開放は，生命が未来に開かれていく感覚を表しているともとらえられる。タンポポやつくしに囲まれて立つバウムを中心に構成された春の風景には，人生の春夏秋冬を経て再び春を迎えた安堵と喜びが託されているのかもしれない。そしてそこには，自分の命が自分の死により完結するのではなく，血を分けた子そして孫たちの中に受け継がれていくことへの希望が感じられる。

　以上より，回想法後に描かれたMさんのバウムには，時を重ねて今があり，未来へとつながる自分という「通時性」と，今この瞬間にすべての事象が内包され，他者とともにある自分という「全体性」の自己イメージが，木というイメージに象徴的に表現されていると理解できる。さらに，自分の表現したイメージを眺めることによって，自己省察が深まる効果も示唆される。

4．聴き手である筆者との関係性の変化

　何十年という人生の思い出の中から，なぜ「今」「ここで」そのエピソードが想起され語られるのだろうか。ここでは，Mさんにとっては孫世代の女性である聴き手との関係性という視点から，回想法における語りの意味を論じた

い。

　バウムテストを通して理解されたように，Mさんと聴き手の二者関係は回想法前後で変化した。聴き手の感覚としては，回を重ねるごとにMさんの内的世界により深く招かれているように思われた。また，Mさんが語りによって描写するものを心に思い浮かべながら聴いていると，幼稚園の制服を着たお転婆なMさんや，袴をつけて髪を結い上げた少女のMさんなど，さまざまな時代のMさんに会っているような気持ちになった。他方，聴き手は「4人の母がいた」という事実をMさんが初回の冒頭に述べた時，驚きを隠せなかった。2回目，3回目でも「4人の母」の話題が出るたびに，聴き手は，Mさんにとってそれはどのような体験だったのだろうという思いを心に抱きつつ傾聴することを心がけていた。それでは，Mさんは，聴き手をどのような存在として感じていたのだろうか。次に，2つの可能性を示したい。

　回想法の初回，「4人の母」がいるという言葉に驚く聴き手に対して，Mさんは問わず語りに生い立ちを話し出す。語ることは，語られることでもある。聴き手の反応を見た時，Mさんは，家族の中で自分だけが養女であったという事実を知った時の自分の気持ちを思い起こした可能性もある。戸惑いを隠せない聴き手に当時の自分を重ね，いつしか自分自身に語りかけるような感覚が生じていたのかもしれない。折々に「実子と分け隔てなく育ててもらった」ことが強調されることからは，Mさんが，自分が実子と変わらず愛されていたかどうかを強く意識していることがうかがえる。まるで，自分が父から大切にされる存在であったことを語ることによって，Mさんと父の絆を確認するかのようである。それは，母とのつながりが薄いMさんにとって，健康な自己愛を保ち他者とのつながりを信じるために，ひいては，自身の人生の根源的な事実——母の不在という受けいれがたい事実を受けいれるために必要な作業であったのかもしれない。

　先述したように，Mさんの語りは父親から与えられた良いものの強調から，母親から与えられた良いものの発見へと変化する傾向が見られた。そのプロセスでは，Mさんが母から「怒られた」り，母を「泣かせたり」したエピソードを語りながら，幼い頃とは異なる感覚で母と出会い直し，当時は思い至らなかった母の良い面を取り入れていたように聴き手には思われた。すなわち，M

さんが幼少期に戻ったような感覚で若い母を聴き手に重ね，母との関係を紡ぎ直すような感覚で語りが展開していた可能性がある。そのように，若かりし頃の自分や胸にある母親イメージを聴き手に映し出しながら回想を行うことによって，語りが深まる作用が起きていたことが考えられる。

　Mさんにとってこの回想法で促進されたインテグリティの内実は，実母の不在を認めながらも，人生を通していかに自分が大切にされてきたかを確認し，あらためて自身と他者のつながりを信じることや，葛藤的に感じられていた養母そして姑とこころの次元で出会い直し，女性同士として新たに連帯すること，さらには，自身が受け継いだものが受け継がれていくことや，さまざまな出来事が人生に与えた意味を見出す「全体性」の促進と言えるのかもしれない。

3.「インテグリティ」の女性らしいあり方

　先に述べたようにエリクソン（1997/2001）は，インテグリティを「一貫性と全体性の感覚」(p.85) と表した。また，インテグリティについては，明確な定義を欠くとしながらも，その特性を「1回限りのライフサイクルを受容すること」「人生の中で重要な存在であった人々を，あるべきものとして，また必然的に，かけがえのない存在として受容すること」「自分の人生は自分自身の責任であるという事実を受け容れること」と表した（Erikson, 1980/2011, p. 106-107）。ここでは，これまで述べてきたMさんの内的世界の理解をもとに，女性における「身体と役割と個性とを結びつけるように努めるという特別な課題」について検討する。そして，女性性の発達に大きな意味をもつ母親あるいは母親的養育者との関係性が，老年期においてはどのような意味をもつのかについても着目する。このようにして，エリクソンが提示した「インテグリティ」の女性らしいあり方についての考察を行う。

　まず，女性が担う「身体と役割と個性とを結びつけるように努めるという特別な課題」における身体の側面について述べる。中年期までに女性は生殖機能を喪失する。老年期は子育てを終え，子どもたちが母あるいは父となることを見守る時期である。それは，産み育てたいのちの連なりを目の当たりにして，

自分のいのちに終わりが来ても未来に開かれていくこととも言える。子どもや子育て経験の有無にかかわらず，身体における女性性は，普遍的ないのちの営みを意識し取りいれることによってこころの次元に移行する。性愛もまた，同様である。

荒木（2001）も述べるように，「肉体的な結合やふれあいだけではなく，精神的な愛情や思いやり，そのような愛情への欲求，さらに男性性や女性性に関わる事柄も含んでいる」ものとして性愛をとらえることが大切である。「性愛や色気」を身体的次元で生きるのではなく，他者とつながり愛情を感じるこころの次元で生きること，すなわち，インテグリティの中におさめることが，老年期の女性性のひとつのあり方と言える。それによって，老年期の色気と高潔さが生まれるのである。

このように，身体の終わりである死によってすべてが終わるのではなく，死によってなお開かれていくこころの可能性を信じることによって，女性は人生の全体性，インテグリティを実感すると言えるだろう。

次に，役割の側面について述べる。老年期において女性は，これまで担ってきた役割の責務を降ろす。父母に対する娘，夫に対する妻，子どもに対する母，さらには職業人や地域人として存在することの責任から少しずつ解放される。役割から離れる過程で，自分は社会や他者から期待される役割にどのように応えてきたのか，自分が相対してきた人にとってどのような存在であったのかをあらためて問い直す。その過程は，女性が自身の人生において関わった重要な他者との関係性を心理的次元において受容し，生きることともいえる。

笠井（2015）は，女性に対して向けられやすい幻想として美しさ，優しさ，強さ，豊かさ，受身的，忍耐強さといったものをあげているが，女性自身もこうした幻想を内在化し，またそのように振舞うことがある。しかし，老年期女性は，自らが（もう）美しくないこと，意地悪なこと，弱く頼りたいこと，貧しく生み出せないこと，押しつけがましいこと，すぐに投げ出したくなることを意識的無意識的に知っている。女性に向けられた幻想を受けながら，自分自身のあるがままの姿に目をそらさず向き合うこと，すなわち個としての全体性への接近ができるか否かは，本人の心の態勢によるだろう。だが，老年期女性は，相反するものを同時に抱える心的能力において，最も豊かに女性という存

在を理解できる可能性に開かれていると言える。

　最後に，Mさんの事例から導き出された重要な発見として，個人の女性性が母親対象との相互作用において発達変容するのは発達早期だけではなく，老年期に至るまで，そのプロセスは続きうることが見出された。たとえ母親対象がこの世から去ったとしても，心の中でその相互作用は進展し，母親対象との絆は深まりうる。母親からの女性性の取り入れの質は，本人の心的変化に伴い変化するとも言える。つまり，心理的な次元における女性性は死に至るまで発達変容する可能性があるのである。

　バトラー（1963）は，高齢者にとっての回想の意義について述べた論文の結語として，変化しないことと変化することは，その両方がインテグリティの能動的なプロセスの現れであることや，インテグリティの形成は青年期に始まるのでも青年期で終了するのでもなく，生涯にわたって発達するが，その多くは個人にも社会にも意識されずに進展すると述べている。Mさんの事例検討からも，回想法によって心理的変化が達成されたのではなく，さまざまな経験を経てすでに心の発達変容が起きており，語ることによって，あるいは語るうちにMさん自身がその変化を実感したというほうが実態に近いのではないかと思われる。問わず語りに話される思い出は，本人にとって「今」語られる必要があることであり，語ることによって，心の内で感じられていた不全感や疑問に自ら折り合いをつけたり，以前とは異なる感覚を明らかにしていく作業が行われているのである。

　すなわち，回想法によって自我同一性の「統合」が促進されるという，従来回想法の効果を表すために使われてきた言葉の実態は，「過去を想起し自分の体験を語るうちに，いつしかそれまでの自分の見方を離れて中立的視点から語っている自分に気づくこと」「中立的視点によって人生を語る自分の言葉を聴くことにより，自分自身のとらえ方が刷新されること」であり，そのプロセスを語り手のインテグリティの深まりとしてとらえることを筆者は提案する。

　4回の回想法とバウムテストを終えたMさんは，バスの窓から街の上空にかかる虹を見たことを語った。その「大きなくっきりとした7色の虹」は「近くにいたらわからないけれど，その根はどこにあるのだろうって」と，Mさんは筆者に笑いかけた。まるでMさんは自分の「根」がどこにあるのだろう，

自分の生は虹のように儚く，また出自不明のものであるという，Mさんの実存に対する問いについて語っているようであった。しかしながら同時に，Mさんの人生を俯瞰してみると，各時代がそれぞれの色に彩られ，多様でありながらひとつであることや，個としての輪郭をもつ，美しい存在として感じられていることも告げているようであった。

　個人回想法そしてバウムテストは，このように，語り手と聴き手の関係の中で，重要な他者との関係を内的に紡ぎ直すことや，人生を象徴的に振り返ることを可能にする有効な方法であることが示された。聴き手の傾聴により語り手は，自分にも語るべきさまざまなことがあり，それを求める聴き手がいることを体験し，その喜びが，語りへの没頭と深まりを与えたと思われた。聴き手も，また，Mさんの人生を通してさまざまな五感とイメージが活性化し，自らの生きる日常の風景に異なる歴史が生まれた。そして，自らの生い立ちを振り返り，大切な他者との関係を内的に味わい直す体験となった。こうした効果は，レクリエーションや集団で行う回想法には見られない，守られた関係性と継続的な設定の中で行われる個人回想法とバウムテストの有効性であり，老年期女性に対する心理療法への活用が期待される。

● Column ●

臨床家の育成

　老年期の臨床現場では，こころの理解をふまえた援助に対するニーズが今後ますます増えていくだろう。臨床の実践が重ねられ，今まさに老いのプロセスを生きる人の言葉が共有されていくことによって，老年期の人間理解がより深化した精緻なものとなることが期待される。しかし，老年期の中核的な問題である死の現前化や喪失といった，生の根源的な問題に直面する個人の心に寄り添い，その苦悩の意識的無意識的な背景にまで思いをはせる心理臨床の実践は決して容易なことではない。さらに，地道な臨床実践から普遍的な知の生成を目指す研究につなぐためには，まず，老年期の心理療法を行う臨床家の育成が求められる。

　北山・黒川（2009）は，老年期の心理療法を行う臨床家に求められることとして，①高齢者の心理臨床への否定的な偏見を超えて，老年心理学に関する適切な知見とトレーニングを通じて各治療者が高齢者の心理的特性を理解すること，②心理療法のアプローチに精通し理論の特性を把握すること，③臨床家自身の老年観の醸成，の3点をあげている。

　①の老年心理学に関する適切な知見を得るためには，本文の中でもふれた生涯発達心理学など近接領域の学びも含めて行う必要がある。②の心理療法のアプローチに精通することについては，林（2008）もまた指摘するところである。林は，老年期の心理療法における転移についてはこれまで見過ごされがちであったが，その検討を怠ると適切な心理療法の終結が阻まれる可能性があると指摘し，転移の扱いの重要性について述べている。転移の取り扱いは初心の臨床家には難しいことも多く，スーパービジョンや臨床家同士の学びの中で身につけていく必要がある。③の臨床家自身の老年観の醸成は，実践経験を重ねることに加え，心理臨床家自身の成長過程とも重なるため，長期的な視野が必要である。

終 章 老年期女性に対する心理的援助に向けて

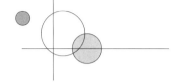

　この本は，60名ほどの女性との出会いの中から生まれた。調査研究に着手する前の筆者は，果たして調査対象者である女性たちが見知らぬ者に胸の内を語ってくれるだろうかという一抹の不安を抱えていた。初対面であるだけではなく，育った時代や文化社会的背景も異なり，強いて共通点をあげるとすれば，女性であるということのみであった。しかし，多くの女性が「私の話で役に立つのであれば」と喜んでまた真摯に筆者の問いに応答する姿勢を見せ，その心配は杞憂に終わった。

　個々の語りは，個性や多様性という言葉が陳腐に感じられるほどのダイナミックな質を有していた。何かの軸で測ることのできない，その豊かさに筆者は目をみはる思いであった。それらは，「棺桶に片足を入れてからも，人は変わりうる」という恩師の言葉が真実であることを納得するに足る，示唆に富む語りの宝庫でもあった。その体験をふまえた今，筆者は老年期の心理療法の意義と魅力を確信するに至っているが，課題や限界も多くある。次に，ここまで述べてきた調査研究における女性たちとの出会いの中で何が起きていたのかを振り返り，さらに，老年期女性を対象にした心理的援助の意義とあり方について考察したい。

1．傾聴から生まれるもの

　振り返って省察すると，傾聴を主な手法としたこの調査研究について次のような視点から考えることができる。それは，傾聴によって生まれる①生きがい感の活性化，②内的な女性対象との関係の紡ぎ直し，③人生をともに眺める他者を得ることの効果，④調査者自身の自己理解の深まり，という4つの視点

である。各視点について順に述べていく。

①生きがい感の活性化

　生きがいとは，生きる張り合いともいい，生きていてよかったと思えることをさす。生きがいを感じるには，「生きることに対して世界が力強く応えてくれること」（北山，2014, p. 37）を必要とする。日々の暮らしにおける具体的な生きがいの感覚は，たとえば，孫のために着物を縫うことや，自作のちぎり絵を持って友を見舞うことといった，誰かのために自分が楽しみながらできることによって発現する。そこには，老年期にふさわしい「生きがい対象」の希求が認められる。老年期にふさわしい生きがい対象とは，単に「生きることに対して力強く応えてくれる」だけではない。それは，老年期を生きる者が「死につつある」という意識を背景に，自己の生が他者の生に取り入れられていくことの希望に対して応えてくれる対象である。言い換えると，老年期女性が主体的に他者と関わり，その関わりを良いものとして他者に受け取られる体験は，自己の生を他者から肯定されるという側面や，人生の成果をより未来のある他者に託すという側面がある。反対に，自らの関わりが意図せぬかたちで後進の生を不幸にする事態や，拒否されることは，老年期を生きる者にとって最も望ましくないことと思われる。

　筆者にとって調査対象者である女性たちは，筆者の問いをともに探究するために必須の存在であり，その語りは貴重な素材であった。第一に，そのように筆者から必要とされることによって，女性たちの生きがい感が活性化したことは想像にかたくない。たとえば，ある女性は，調査への参加は「冥土の土産」であるように感じると述べ，自らの生にとって重要かつ秘密の事柄について筆者に語った。そこには，自身の来し方や感じ方を教えてほしいと頼まれるという機会自体が希少なものであるという驚きも感じられた。筆者もまた，そのような女性たちの語りから多くの示唆を得た。それは，これまでに述べてきたような学術的な知見だけではなく，先達の生き様を知ることで自分自身の視野が広がるような感覚や，祖父母世代が生まれ育った時代をより深く知る感覚，そしてその時代をふまえて今があるという，自分が「今ここ」に根ざしていくような感覚をも含むものである。

筆者との間に生成された「生きがいの感覚」とお互いに与え合う「相互性の感覚」は，死を前にした一期一会の意識に支えられて，この研究全体に深まりを与えたと思われる。これは，世代の異なる2人の人間が出会い語り合うからこそ生まれるダイナミックな相互作用である。そして，老年期女性の心理的援助が他の世代と異なる魅力があるとしたら，筆者は，この生きがい感と相互性の活性化という点を第一にあげたい。

　②内的な女性対象との関係の紡ぎ直し
　次に，調査対象者と調査者である筆者が女性同士であることは，今回の調査面接にどのような影響をもたらしていただろうか。第一に，筆者は調査対象者にとって孫世代であったため祖母と孫のような親しみのある雰囲気が醸成されやすい側面があった。これまで女性が担ってきた家事や子育てなどの仕事の多くは，社会的業績や金銭のように形となって残らない性質をもつ。滋養のある食事を作ることや空間を整えることは，日常に溶け込んで目立たぬものであるが，自他の生活を健康に維持するために欠かせないものである。また，そのような暮らしの事物は，家庭の中で受け継がれていく性質をもつ。日々の細々とした話題について自然に話が弾んだことは，筆者もまた，「祖母」から教えてもらうことの楽しさを体験していたからかもしれない。それゆえ，筆者はこの調査面接で得られた語りがもつ性質を，世代の異なる女性同士の出会いという側面から理解することができると考える。
　ただし，世代の異なる女性同士であるゆえの難しさもあった。筆者は，調査対象者がすでに失った「未来」「若さ」をもつ女性でもあった。そのため，調査対象者が筆者に羨望を向け，現在の心境をあるがままに話すことに抵抗を感じたり，あるいは，筆者に依存欲求を抱いたりする現象もまた，見られたのである。さらに，調査対象者自身あるいはその母親や姉妹といった内的な女性イメージが筆者に重ねられ，筆者に語りかけているようで，若かりし頃の自分，あるいは瞼の母に語りかけているようでもある語りが展開することもあった。これは，心理療法における転移の現象と相違ない。すなわち，調査者である筆者が女性であったことは，個人の女性性のありようを調査面接の二者関係において体験的に理解することを可能にしたのである。心理療法という設定ではな

くても，このように，転移を含む無意識的な心の動きが生起する可能性に留意することは，老年期女性の心理的援助に携わる人にとって必要かつ重要な視点と思われる。

③人生をともに眺める他者を得ることの効果
　次に，自分自身の人生を想起し物語ることによって，語り手にどのような心の変化が生じるのかを述べていきたい。
　老年期女性が，自らの来し方についてわざわざ他者に語ることや，そのために定期的に時間をつくって他者と会うことはまれであると思われる。人によっては，自分の幼少期や原家族のことを思い出したり，言葉にしたりすることそのものが慣れない体験であるかもしれない。そのため，初回の語りは，聴き手を意識して，自分がどのような者であるかという自己紹介の語りから始まることが多いように思われる。さらに面接を重ねていくと，語り手の記憶からさまざまなエピソードが引き出されてくることがある。五感を刺激する描写や語り手の情緒も加わりながら，一見脈絡なく自由に流れる語りをより合わせていくうちに，ひとつの物語のようなライフヒストリーが紡がれていく。
　このような変化の機序は，次のようにとらえることができるだろう。すなわち，自身の生を想起しもの語ることによって，語り手は自身の生を「味わい」ながら「眺める」体験を他者と共有する。中立的な他者の視点を語り手が取り入れることによって，想起と語りのプロセスはいよいよ促進される。さらに，面接と面接の間に，語り手が語りの体験そのものをもの思い「眺める」時間的空間も生み出される。
　「眺める」とは，つくづく見守る，物想いなどしながらひとつのことを長い間見る，という意味をもち，さまざまな思いを抱えながら，早急に答えを出さずにいる態度をさす。心理的・時間的空間の広がりの中で来し方を味わい，かつ俯瞰する時，これまでとは異なる感じ方や視点も自然に明らかになってくる。楽しかったことや大切にされたことだけではなく，納得がいかないことや思い出したくもないこと，とうてい人にはわかってもらえないと思うような悲しみや傷つきが賦活されることもある。だが，これまでは「見なくてもよかった」，あるいは他者の中に「見てきた」部分である，弱さや破壊性といった

「みにくい」部分も，自他の存在に必然的に含まれるものとして「眺め」「認められる」時こそ，自分自身や大切な他者についての全体的理解が深まっていく。そのプロセスは，過去の自分や大切な他者と出会い直し，和解や理解をうながすものである。

このように，人生を紡ぎ直す心の作業は，自然に過去を振り返ることの多い老年期においてこそなされるものであり，ここに，人間の心的発達における老年期の意義が示唆されるのではないだろうか。そして，最も多様性が増し，最も個別性が深まる老年期において，人生をともに眺める中立的な「他者」の存在意義は，老年期の個別性と全体性の深化に貢献するという点で計り知れないと思われる。

④調査者自身の自己理解の深まり

従来，老年期を対象とした研究領域で主に行われてきた量的研究では，調査者が調査対象者に与える要因が考慮されてこなかった。それに対して，今回のような質的研究では，調査者が調査対象者との関わりの中で生じる自身の感情に着目することによって，調査者自身の自己理解が深まる効果があると言われている（吉岡，2000）。ここでは，本書で紹介した6つの研究の調査者である筆者の感情に着目して述べていきたい。

筆者が，女性たちの語りを聴いている中でふと生まれる「間」や，別れた後で心に残る余韻の中に感じられる感覚をあえて言葉にするとしたら，「かなしみ」が思い浮かぶ。平仮名で表記するのは，「悲しみ」「哀しみ」「愛しみ」というさまざまな意味が含まれることを意図している。その「かなしみ」は，老年期という，さまざまな喪失に直面し，自らの死を目前に思い見る時期を生きる体験を主題に語り合ったからこそ，鮮明に感じられたと思われる。たとえば，老年期に病を得，体の衰えや不調を訴える人は多かったが，思うように体が動かせない時，私たちは「悲しい」。「何もできず，ただ生きているだけ」という思いや「助けてほしいが，人に迷惑をかけてしまう」という罪悪感にもおそわれる。時には，辛さに耐えかねて生を破壊したいという思いも湧き起こる。幸運にも病を得ず健康に過ごしている人であっても，体力や歯など，自らに備わっていたものを失う体験は，やはり悲しい。さらに，自身の来し方を語

るという場所と時間を設定することによって，普段は意識することもない昔を懐かしむ語り，あるいは後悔する語りが，広がっていく。失った自らの若さを思い，また，自らの愚かさを語ることは，「かなしい」。しかし同時に，喪失や愚かさを明らかにしていくことは，今ここに与えられた生を「哀しみ」，自他の心の痛みを思いやる能力を高めるものでもある。決して戻ることはできない過去を懐かしむことは，また，自他を「愛しむ」気持ちをうむとも言える。

ジャックス（1965/2000）は「人生の二つの根本的な特徴——最終的な死の不可避性と各個人の内側の憎しみと破壊衝動の存在」（p. 267）を認めることによって，人は心の世界でのより大きな統合と現実感覚の深まりを知ることができると述べている。老年期はその「根本的な特徴」を否応なく私たちに突きつける。いかにそれらに向き合うかは個人に委ねられているが，今回の語り手は，自らの心境を葛藤も含めて言語化することが比較的可能な女性が多かった。したがって，「かなしみ」という情緒もまた，さまざまな陰影をもって表されたと思われる。

一方で，「今が一番幸せ」という言葉に象徴される，いぶし銀のような「あかるさ」も感じられた。たとえば，孫のために作るカレーの具を毎回工夫することや，チラシで箱を作ることという，日常的でささやかな行為の中に，その「あかるさ」は感じられた。それは限界やありのままを受け容れ，「にもかかわらず」日々の生活を愛おしむ心によって生み出されていた。そこには，また，紆余曲折を経て辿り着いた，今ここにある「生」への愛着が感じられた。他でもない自分の「生」への愛着は，すなわち「生」の肯定と希望でもあり，そこに，人間存在そのものにまつわる「かなしみ」が「あかるさ」に開かれていく可能性があると思われる。

このように，紆余曲折を経て生を肯定する人と出会うことによって，筆者は大いに勇気づけられた。女性が人生で出会う苦悩をいかに受容し，持ちこたえることができるかといった問題や，いかなる状況にあっても女性として自分らしく生きるにはどういった資質が求められるのか，といった問題はまさに筆者の問題でもあり，老年期女性はその存在の仕方によって，答えを示してくれるように思われた。だが，人間の人生はひとつとして同じものはなく，また，どれもかけがえのないものであるという当たり前の事実によって，その答えのあ

り方もまた，多様で自由なのである。筆者にとって，老年期女性と出会うことの魅力は，かけがえのない人生を自分らしく生きることの大切さを教えられることと言えるのである。

2. 現代に老いを生きる女性

現代に老いを生きる女性として本書で取り上げてきた女性は，第二次世界大戦を前思春期から青年期に経験した世代であった。そのことから，戦争によって父親・兄弟・友人といった大切な他者や，住居・故郷を失くしたこと，あるいは自らが戦火に巻き込まれ九死に一生を得た体験が語られた。また，自分が女性として一番美しい時代に苦労を重ねたという思いから「時代が時代だったから，青春を青春らしく送れなかった」と無念さを語る女性もいた。

戦争にまつわる体験を語る女性について，その影響を抜きにして現在のパーソナリティや女性性のありようを理解することはできないように思われた。そのような女性と対する時，第一に大切なのは個々それぞれ異なる体験にしっかりと耳を傾けることと思われるが，さらにここでは「曖昧な喪失」という概念を用いて考察してみたい。「曖昧な喪失」とは，ボス（1999/2005）が提唱した概念で，大切な他者の存在／不在に関するあいまい性がある状況を指す。その状況は，次の2類型に整理される。すなわち，①「さよならのない別れ」身体的に不在であるが，心理的に存在していると認知されることにより経験される喪失（例：自然災害による行方不明者，行方不明の兵士，移民，養子縁組，離婚，転勤），②「別れのないさよなら」身体的に存在しているが，心理的に不在であると認知されることにより経験される喪失（例：認知症，慢性精神病，脳挫傷，依存症，仕事への没頭）である。身体的，心理的にかかわらず「曖昧性は多くの人々に未解決のトラウマと凍結した悲嘆をもたらす」（Boss, 1999/2005, p.i）とされる。他方，この種の喪失はあいまいであるがゆえに，社会的承認を得ることなく当事者に内在化されることが多い。さらに，喪の哀悼の仕事を始めることができないことから，当事者は困惑と混乱を感じて身動きできなくなってしまう。当事者は拭い去れない喪失感と周囲に理解されない孤独感を心に抱きながら日々を送り，その喪失の影響は世代を超えて持続しうる場合もあるという。

往々にして，戦地に赴いた男性の体験に比して，銃後を守った女性や，その女性を母親として育った女性の体験は言葉にされにくい。戦中は国家のために命を落とした個人の死が「英霊」と称され，敗戦後は国民の団結と前進を奨励する時代背景も相まって，大切な他者や心の拠り所となるものを失くした喪失感を述べることは大仰でむしろタブーのようにとらえられ，日々の生活に追われる中でその喪失はあいまいなまま女性個人に内在化されたのかもしれない。しかし，女性は母親あるいは母親的対象に意識的無意識的に同一化して自らのアイデンティティを形成するため，悲哀や罪悪感の伝搬もまた意識的無意識的に行われる。世代を超えて持続するあいまいな喪失の影響を考慮することは，現代日本の老年期女性そしてその女性に続く後の世代の心理を検討する上で，重要な視点ではないだろうか。

　曖昧な喪失に対処していくためには，まず，喪失にまつわる体験が自他に理解され，共有され，喪の哀悼の仕事が行われることが必要である。潜在的に「未解決のトラウマと凍結した悲嘆」を秘めた体験を傾聴することは決してやさしいことではなく，心理臨床の専門的訓練を受けた聴き手が担う役割として適切であろう。現代日本において歴史的・社会的な視点をもって老年期女性の語りに耳を傾ける意義は，語り手の女性性の変容を促進させるものとして本論で示唆したとおりである。それはまた，語り手のためだけではなく，後の時代を生きる私たちが私たち自身を理解するためにも重要である。

3．臨床的活用に向けて

　今回筆者が出会った女性は，老年期まで大きな心的不調を経験せずに過ごしてきた健康な女性が大半であったが，その中には，加齢による心身の衰えと孤独感によって実存を揺るがされるほどの不安を抱えている女性や，自己の女性性を十分に受容しえないまま年を重ねてきた女性も見受けられた。健康で自立した女性においても，心理的援助あるいは心理療法への潜在的ニーズは高いと思われるが，依然としてそのアクセスは限られているのが現状ではないだろうか。

　心理療法を提供する現場の意見として，心理療法を提供できる人的資源や時間的な枠が限られている現状では，心理療法は生きる時間が長い人，すなわち

若い人に行うほうが，個人のため・社会のために有意義であるという見方がある。確かに，個人が，心理療法の中で自身の心について探索を行い，変化し，その後の人生で自身の才能を豊かに発揮するためには，ある程度の時間が残されているほうがよいだろう。だが，死を前に生きる時間の貴重さは，長短の次元では計れないのではないか。老年期の心理療法もまた，未来のある若い人とは異なる意味で，個人のため，社会のためになると思われる。第一に，個人の心理的変化の可能性は年齢によって決まるものではない。老年期の心理療法によって内的世界が変化し，現実の生活もまた安らかなものに変化していくことは，これまでの知見でも明らかになっている。

クライン派の精神分析家スィーガル（1958/1988）は，急性の精神病性破綻を来した70代男性に精神分析治療を行った経験から，老年期を対象とした分析の予後について肯定的な見解を示している。スィーガルによると，破綻の根底には老齢と死への無意識の恐怖が見出されたが，分析初期には，死の恐怖は否認・分割され，患者の周囲の人々に投影されていた。また，混乱した心の様相は内的対象関係の迫害的ありようにも顕著に表れていた。約2年間の分析後，患者は自らの死を認めうる心のありように達し，人生で初めて得る安定の感情に至った。同様に，内的対象関係も穏やかで愛情のあるものへと変化が見られたという。シュルテ（1961/1969）もまた，高齢者との「交通的精神療法」を論じ，死を前に等しく老いゆく者として，老いの連帯性の中での精神療法の必要性を説いている。他にも，老年期の心の変容の可能性や，高齢者を対象とした心理的援助のさまざまな可能性を示す事例は少なくない。それらは精神分析的精神療法（Ardern, 2002; Cohler, 1998; Knight, 1999; Teri & Logsdon, 1992）・力動精神療法（Semell, 1996）・認知行動療法（Ayers, et al., 2007）・対人関係療法（Miller & Raynolds, 2002; Hinrichsen, 2008）といったさまざまなアプローチがある。

個人がどのように人生の「終わり」に向かって生きていたか，また，いかに自らの人生を自身の心に収めていたかということは，個人が死んでもなお，身近にいる大切な人の記憶に残る。その人らしく老年期を生きる姿は，死後残された者の歩みを励まし，死に対する恐怖を和らげる。つまり，老年期の心理療法は，心理療法を受けた個人のみならず，その死後も，後に続く者に老年期を

自分らしく生きる希望を与えるという意味で効力を発揮しうるのである。心理療法を必要としている人が，その年齢にかかわらず，自らのニーズに適した心理療法を受けることができるような風土の醸成とシステムの構築が望まれる。

4. 老年期女性を対象にした心理療法

次に，老年期を対象とした心理療法を行う場合，どのような設定がふさわしいかについて考えてみたい。

基本的に，心理的援助への導入には，他の年代と同様の手続きでアセスメントを行うことが必要である。主訴は多くの場合，相談機関を訪れるための意識的な理由である。その背景にある個々の無意識的な思いを汲み取る姿勢でアセスメントを行う必要があり，そのためには，当人の置かれた環境や状況，家族の力動や人間関係，身体・認知機能を見立てる視点が必須である。たとえば，「物音が気になって眠れない」という主訴の背景には，家族に先立たれてひとり残されることに対する不安の高まりが隠されていることがある。また，「家族」や「孫の将来」が心配という，身近な他者を主とした相談の背景には，「自分が子育てを間違ったのではないか」という自責感や，自身の居場所が家族の中にないように感じられる寄る辺なさが示唆される場合がある。老老介護の問題では，施設に配偶者を預けた罪悪感や，いかに自分の中で人生を収めるかという問題など，切迫した思いがさまざまに渦巻いていることもある。当初の訴えや問題の解決に至ることは困難であっても「今，何が問題になっているのか」を整理するプロセスそのものが治療的であると思われる。そのためには，心理療法にどういうことを期待しているのかを話し合い，何をしていくのか，何ができるのかを合意するプロセスは必要不可欠である。

個人心理療法は信頼できる他者とともに自分のこころについて考えるものである。セラピストとクライアントという二者の関わりを抱える器として，心理療法の「時間・曜日・場所・料金」という物理的設定は機能する。身体の不調を抱えやすい老年期において，この設定を保つことは難しいのが現実であり，また，その人にとってふさわしい設定はそれぞれ異なるかもしれない。通常の設定から外れた時にはセラピストがしっかりと意識し，長期的かつ内的な枠を整えることが必要である。時間の短縮，頻度の対応など，現場ではさまざまな

工夫が必要である。それゆえ，老年期を対象にした心理療法は，心理療法の基本を習得した上での「応用」という位置づけがふさわしい。

一期一会の感覚が深まる老年期は，「終わり」に繊細である。意識的無意識的に「今生の別れ」や「死」のイメージと重なるため，心理療法の終わりをめぐる心の動きに留意し，「終わりという死に向かう感覚」を共有することは非常に大切なプロセスと考えられる。終結を考える際に双方の中で喚起される感情は，クライアントがこの世に生れ落ちてから，いかなる人との関わりを生きてきたのかを切実に表している。セラピストの内的枠組みとしては，自らもまた，死に向かって生きているという連帯感覚をもちながら，死に近い時期を生きる目の前のクライアントが今何を感じているのかを教えてもらうという謙虚さや，二者の間で何が起きているのかを俯瞰する冷静さが必要であろう。別れがたい感覚を否認したり，別れがたさから終わりを引き延ばすのではなく，あるがままの現実を認め，話し合う時間を大切にするという意識を保つことが必要である。老年期の普遍的な心理的課題である喪失や死はセラピスト自身の心を揺らすテーマでもあるため，継続的なスーパービジョンや教育分析を活用することも必要である。

他方，今日老年期女性が生きる日常のひとつである長期療養型施設では，若年者や在宅者と同じ枠組みで心理療法を行うことは現実的ではない。しかし，トレリヴィング（1987）の報告は注目に値する。トレリヴィングは，長期療養型施設でドライアイを訴える老年期女性と日常的に関わるうちに，その身体症状の背景に数年前に死亡した夫の「喪の哀悼の仕事」が未消化であることを理解した。トレリヴィングがその理解を女性に伝えたところ，女性は涙を流し，ドライアイの症状は軽快したという。力動的な心理的援助は必ずしもオーソドックスな枠組みで行われるもののみに意義があるのではなく，一見些細なことに思える日常的問題や身体症状に力動的視点をもって関わることにもまた，発見と成果がある。環境や暮らし方に応じて最適な心理的援助が提供されることが望ましく，多様な実践の積み重ねによって，老年期を対象とした心理療法のあり方もより洗練されていくことが期待される。

文　献

はじめに

北山純・黒川由紀子（2009）．高齢者への心理療法アプローチと老年期心性への理解――深層心理学と実証主義的心理学の比較の試み．上智大学心理学年報，33, 69-77.

第1章

Agman, G. & Gorge, A. (1999). *Comment vivre avec une anorexique*. Lyon: Editions Josette. 鈴木智美（訳）(2003)．拒食症治療の手引き――家族と治療スタッフのために．岩崎学術出版社．
Alizade, A. M. (1999). *Feminine Sensuality*. London: Karnac Books.
Alizade, A. M. (2002). *The Embodied Female*. London: Karnac Books.
Alizade, A. M. (2003a). *Studies on Femininity*. London: Karnac Books.
Alizade, A. M. (2003b). *Masculine Scenarios*. London: Karnac Books.
Alizade, A. M. (2006). *Motherhood in the Twenty-first Century*. London: Karnac Books.
Ambrosio, G. (2005). *On Incest: Psychoanalytic Perspectives*. London: Karnac Books.
青井一展（2002）．高齢者臨床における性．臨床心理学，2 (4), 479-484.
Erikson, E. H. (1950). *Childhood and Society*. W. W. Norton: New York. 仁科弥生（訳）(1977/80)．幼児期と社会1・2．みすず書房．
Erikson, E. H. (1963). *Childhood and Society,* 2nd ed. New York: W. W. Norton.
Erikson, E. H. (1968). *Identity: Youth and Crisis*. New York: W. W. Norton. 岩瀬庸理（訳）(1982)．アイデンティティ――青年と危機．金沢文庫．
Erikson, E. H. (1998). *The Life Cycle Completed.* (Extended version with new chapters on the Ninth Stage of Development by Joan M. Erikson) New York: W. W. Norton. 村瀬孝雄・近藤邦夫（訳）(2001)．ライフサイクル，その完結［増補版］．みすず書房．
Erikson, E. H., Erikson, J. M., & Kivnick, H. Q. (1986). *Vital Involvement in Old Age*. New York: W. W. Norton. 朝長正徳・朝長梨枝子（訳）(1997)．老年期――生き生きしたかかわりあい．みすず書房．
Erikson, J. M. (1997). Gerotranscendence. In, E. H. Erikson (1997). *The Life Cycle Completed.* (Extended version with new chapters on the Ninth Stage of Development by Joan M. Erikson) New York: W. W. Norton. 村瀬孝雄・近藤邦夫（訳）(2001)．ライフサイクル，その完結［増補版］．みすず書房，pp. 179-190.
Evans, R. I. (1967). *Dialogue with Erik Erikson*. New York: Harper & Row. 岡堂哲雄・中園正身（訳）(1981)．エリクソンは語る――アイデンティティの心理学．新曜社．

Freud, S. (1913). The disposition to obsessional neurosis: A contribution to the problem of the choice of neurosis. In, *The Standard Edition of the Complete Psychological Works of Sigmund Freud, Vol. 12.* London: The Hogarth Press. 立木康介訳（2010）．強迫神経症の素因――神経症選択の問題への寄与．フロイト全集 13．岩波書店．

Freud, S. (1924a). The dissolution of the Oedipus complex. In, *The Standard Edition of the Complete Psychological Works of Sigmund Freud, Vol. 19.* London: The Hogarth Press. 太寿堂真（訳）（2007）．エディプスコンプレクスの没落．フロイト全集 18．岩波書店．

Freud, S. (1924b). The economic problem of masochism. In, *The Standard Edition of the Complete Psychological Works of Sigmund Freud, Vol. 19.* London: The Hogarth Press. 本間直樹（訳）（2007）．マゾヒズムの経済論的問題．フロイト全集 18．岩波書店．

Freud, S. (1925). Some psychical consequences of the anatomical distinction between the sexes. In, *The Standard Edition of the Complete Psychological Works of Sigmund Freud, Vol. 19.* London: The Hogarth Press. 大宮勘一郎（訳）（2010）．解剖学的な性差の若干の心的帰結．フロイト全集 19．岩波書店．

Freud, S. (1931). Female sexuality. In, *The Standard Edition of the Complete Psychological Works of Sigmund Freud, Vol. 21.* London: The Hogarth Press. 高田珠樹（訳）（2011）．女性の性について．フロイト全集 20．岩波書店．

Freud, S. (1933). Femininity. In, New introductory lectures on psycho-analysis. In, *The Standard Edition of the Complete Psychological Works of Sigmund Freud, Vol. 22.* London: The Hogarth Press. 道籏泰三（訳）（2011）．続・精神分析入門講義　第 33 講　女性性．フロイト全集 21．岩波書店．

Gilligan, C. (1982). *In a Different Voice: Psychological Theory and Women's Development.* Cambridge, Massachusetts and London: Harvard University Press.

東山弘子（1990）．青年期女子のイニシエーション．氏原寛・東山弘子・岡田康伸（編）現代青年心理学――男の立場と女の状況．培風館，pp. 139-155．

平島奈津子（2002）．女性性．小此木啓吾（編集代表）精神分析事典．岩崎学術出版社，pp. 229．

Horst, E. A. (1995). Reexamining gender issues in Erikson's stages of identity and intimacy. *Journal of Counseling & Development,* 73 (3), 271-278.

Josselson, R. L. (1973). Psychodynamic aspects of identity formation in college women. *Journal of Youth and Adolescence,* 2 (1), 3-52.

香川克（2014）．臨床心理学研究の動向と課題――育つこと・育てることの困難という観点から．教育心理学年報，53，83-95．

北村婦美（2016）．フロイトの女性論再考――新しい両性性理解の可能性．精神分析研究，60 (2)，163-179．

Klein, M. (1957). Envy and gratitude. In, Klein, M. (1975) *The Writings of Melanie Klein, Vol. 3.* London: Hogarth Press and the Institute of Psycho-Analysis. 松本善男（訳）（1996）．羨望と感謝．小此木啓吾・岩崎徹也（責任編訳）メラニー・クライン著作集 5．誠信書房．

Klein, M. (1960). On mental health. In, Klein, M. (1975) *The Writings of Melanie Klein,*

Vol. 3. London: Hogarth Press and the Institute of Psycho-Analysis．深津千賀子（訳）（1996）．精神的健康について．小此木啓吾・岩崎徹也（責任編訳）メラニー・クライン著作集5．誠信書房．

Klein, M.（1961）．*Narrative of a Child Analysis I・II.* In, Klein, M.（1975）*The Writings of Melanie Klein, Vol. 4.* London: Hogarth Press and the Institute of Psycho-Analysis．山上千鶴子（訳）（1987/88）．児童分析の記録．小此木啓吾・岩崎徹也（責任編訳）メラニー・クライン著作集6・7．誠信書房．

Klein, M.（1963）．On the sense of loneliness. In, Klein, M.（1975）*The Writings of Melanie Klein, Vol. 3.* London: Hogarth Press and the Institute of Psycho-Analysis．橋本雅雄（訳）（1996）．孤独感について．小此木啓吾・岩崎徹也（責任編訳）メラニー・クライン著作集5．誠信書房．

Kristeva, J.（2000）．*La folie: Melanie Klein, ou, le matricide comme douleur et comme créativité.* Paris: Fayard．松葉祥一・井形美代子・植本雅治（訳）（2012）メラニー・クライン──苦痛と創造性の母親殺し．作品社．

黒川由紀子（2002）．高齢者臨床におけるケア──遊び，笑い，色．臨床心理学，2（4），447-452．

黒川由紀子（2004）．高齢女性の心理的問題．臨床心理学，4（6），814-818．

Levinson, D. J.（1978）．*The Seasons of a Man's Life.* New York: Ballantine Books．南博訳（1992）．ライフサイクルの心理学（上・下）．講談社．

Levinson, D. J.（1996）．*The Seasons of a Woman's Life: A Fascinating Exploration of the Events, Thoughts, and Life Experiences That All Women Share.* New York: Alfred A. Knopf.

松木邦裕（2015）．耳の傾け方──こころの臨床家を目指す人たちへ．岩崎学術出版社．

松岡靖子（2012）．自傷行為を呈した生徒への常勤型スクールカウンセラーの対応──即時性と連携体制．カウンセリング研究，45（1），51-61．

Mercer, R. T., Nichols, E. G., & Doyle, G, C.（1989）．*Transitions in a Woman's Life: Major Life Events in Developmental Context.* New York: Splinger Publishing.

森国佐知（2012）．性的行動化を繰り返した思春期女性との心理療法過程──行動化から語りへ．心理臨床学研究，30（5），691-702．

西尾ゆう子（2012）．老年期の女性の語りを通した心の変容過程──個と関係性の2側面からの考察．京都大学大学院教育学研究科附属臨床教育実践研究センター紀要，16，pp. 168-179．

西尾ゆう子（2015）．老年期の女性性に関する一考察．京都大学大学院教育学研究科紀要，61，pp. 189-201．

西尾ゆう子（2016）．ロールシャッハ法からとらえた老年期女性のジェンダーイメージ．ロールシャッハ法研究，20，pp. 32-41．

布柴靖枝（2012）．青年期女子の自傷行為の意味の理解と支援──行動化を繰り返しつつ，自分らしさを模索していった女子学生の危機介入面接過程を通して．学生相談研究，33（1），13-24．

岡本祐子（編）（2010）．成人発達臨床心理学ハンドブック──個と関係性からライフサイ

クルを見る．ナカニシヤ出版．
Sayers, J. (2015). Adrian Stokes and the portrait of Melanie Klein. *International Journal of Psychoanalysis*, 96 (4), 1013-1024.
Segal, J. (2004). *Melanie Klein*. London: Sage Publications．祖父江典人（訳）(2007)．メラニー・クライン――その生涯と精神分析臨床．誠信書房．
菅佐和子（2002）．女の子から女性へ――思春期．岡本祐子・松下美知子（編）(2002)．新 女性のためのライフサイクル心理学．福村出版, pp. 64-80.
須川公央（2012）．エリクソンにおける女性性とジェンダー（2）――アイデンティティ・親密性・ケア．神奈川大学心理・教育研究論集, 31, 91-104.
髙橋寛子（2012）．身体的実感と自律性とを育む学生相談――自己臭を訴える女子学生の喪失への関わりから．学生相談研究, 33, 1-12.
武内珠美（2002）．妊娠・出産・子育てをめぐる女性の心理と問題．岡本祐子・松下美知子（編）新 女性のためのライフサイクル心理学．福村出版, pp. 151-175.
Tornstam, L. (1994). Gerotranscendence: A theoretical and empirical exploration. In, L. E. Thomas & S. A. Eisenhandler (eds.) *Aging and the Religious Dimension*. Westport, Conn: Greenwood Publishing.
Tornstam, L. (1996). Gerotranscendence: A theory about maturing into old age. *Journal of Aging and Identity*, 1 (1), 37-50.
氏原寛・山中康裕（編）(1994)．老年期のこころ――男の本音 女の真実．ミネルヴァ書房．
山中康裕（1998）．老いの魂学．筑摩書房．
安福純子（1994）．老いの意味――女の場合．氏原寛・山中康裕（編）老年期のこころ――男の本音 女の真実．ミネルヴァ書房, pp. 20-37.

第 2 章

平木典子（2002）．人生をまとめ，引き継ぐ――老年期．岡本祐子・松下美知子（編）新 女性のためのライフサイクル心理学．福村出版, pp. 199-212.
Klein, M. (1960). On mental health. In, Klein, M. (1975) *The Writings of Melanie Klein, Vol. 3*. London: Hogarth Press and the Institute of Psycho-Analysis．深津千賀子（訳）(1996)．精神的健康について．小此木啓吾・岩崎徹也（責任編訳）メラニー・クライン著作集 5．誠信書房．
黒川由紀子（2003）．百歳回想法．木楽舎．
Levinson, D. J. (1978). *The Seasons of a Man's Life*. New York: Ballantine Books．南博訳（1992）．ライフサイクルの心理学（上・下）．講談社．
西尾ゆう子（2015）．老年期の女性性に関する一考察．京都大学大学院教育学研究科紀要, 61, 189-201.
岡本祐子（2007）．アイデンティティ生涯発達論の展開――中年期の危機と心の深化．ミネルヴァ書房．
岡本祐子（2008）．女性のライフサイクルとこころの危機――「個」と「関係性」からみた

成人女性のこころの悩み．こころの科学, 141, 18-24.
進藤貴子（2004）．老いること．氏原寛・亀口憲治・成田善弘・東山紘久・山中康裕（編）心理臨床大事典［改訂版］．培風館, pp. 1317-1320.

第3章

安香宏（1992）．TATの分析・解釈技法をめぐって．安香宏・大塚義孝・村瀬孝雄（編）臨床心理学大系 6．金子書房, pp. 54-88.
Bellak, L. & Abrams, D. M.（1997）. *The Thematic Apperception Test, the Children's Apperception Test, and the Senior Apperception Technique in Clinical Use.* Boston: Allyn and Bacon.
木下康仁（2007）．修正版グラウンデッド・セオリー・アプローチ（M-GTA）の分析技法．富山大学看護学会誌, 6 (2), 1-10.
眞砂美紀（1994）．老年期の現状──女の場合．氏原寛・山中康裕（編）老年期のこころ──男の本音　女の真実．ミネルヴァ書房, pp. 54-71.
松木邦裕（2016）．こころに出会う──臨床精神分析　その学びと学び方．創元社．
西尾ゆう子（2012）．老年期の女性の語りを通した心の変容過程──個と関係性の2側面からの考察．京都大学大学院教育学研究科附属臨床教育実践研究センター紀要, 16, 168-179.
岡本祐子（2008）．女性のライフサイクルとこころの危機──「個」と「関係性」からみた成人女性のこころの悩み．こころの科学, 141, 18-24.
岡村清子（2010）家族の生涯発達──社会学的視点から見た課題．岡本祐子（編）（2010）．成人発達臨床心理学ハンドブック──個と関係性からライフサイクルを見る．ナカニシヤ出版, pp. 173-186.
白洲正子・多田富雄（著），笠井賢一（編）（2009）．花供養．藤原書店．
鈴木睦夫（1997）．TATの世界──物語分析の実際．誠信書房．
冨澤公子（2009）．奄美群島超高齢者の日常からみる「老年的超越」形成意識．老年社会科学, 30 (4), 477-488.
坪内順子（1984）．TATアナリシス──生きた人格診断．垣内出版．
安福純子（1994）．老いの意味──女の場合．氏原寛・山中康裕（編）老年期のこころ──男の本音　女の真実．ミネルヴァ書房, pp. 20-36.

第4章

Ames, L. B., Metraux, R. W., Rodell, J. L., & Walker, R. N.（1973）. *Rorschach Responses in Old Age. New York: Brunner Mazel.* 黒田健次・日比裕泰・大島晴子（訳）（1993）．高齢者の心理臨床学──ロールシャッハ・テストによる．ナカニシヤ出版．
Franzoi, S. L., Kessenich, J., & Sugrue, P. S.（1989）. Gender differences in the experience of body awareness: An experiential sampling study. *Sex Roles,* 21 (7/8), 499-515.
東山弘子（1990）．青年期女子のイニシエーション．氏原寛・東山弘子・岡田康伸（編）現

代青年心理学——男の立場と女の状況.培風館,pp. 139-155.
平木典子(2002).人生をまとめ,引き継ぐ——老年期.岡本祐子・松下美知子(編)新女性のためのライフサイクル心理学.福村出版,pp. 199-212.
池田博和・伊藤義美・江口昇勇(1979).臨床青年心理学研究(IV)——女子症例に関する諸報告.名古屋大学教育学部紀要,26,77-93.
池田博和・森田美弥子・粟田順子(1984).女性性の内的受容に関する研究——序報,女子短大生の場合.名古屋大学教育学部紀要,31,193-209.
井上晶子(1978).心理治療におけるロールシャッハ・テスト法——イメージ反応による.ロールシャッハ研究,20,117-135.
川喜田二郎(1967).発想法——創造性開発のために.中央公論社.
Klopfer, W. G. (1946). Personality patterns of old age. *Rorschach Research Exchange and Jounal of Projective Techniques*, 10 (4), 145-166.
國吉知子(1997).中年期女性の身体イメージと自己評価の関連性——身体変化受容の内的過程について.京都大学教育学部紀要,43,171-182.
黒川由紀子(2004).高齢女性の心理的問題.臨床心理学,4 (6),814-818.
Kurtz, R. M. (1969). Sex differences and variations in body attitudes. *Journal of Consulting and Clinical Psychology*, 33 (5), 625-629.
López-Corvo, R. E. (2009). *The Woman within: A Psychoanalytic Essay on Femininity*. London: Karnac Books. 井上果子(監訳)(2014).内なる女性——女性性に関する精神分析的小論.星和書店.
松本真理子(1984).女子青年の性同一性に関する研究——ロールシャッハ・テストによる接近の試み.ロールシャッハ研究,26,89-105.
McDougall, J. (1980). *Plea for a Measure of Abnormality*. London: Free Association Books.
妙木浩之(2008).現代精神分析における性倒錯の取り扱い.臨床心理学,8 (3),360-366.
名古屋ロールシャッハ研究会(2011).ロールシャッハ法解説——名古屋大学式技法[2011年改訂版].名古屋ロールシャッハ研究会.
西尾ゆう子(2013).ロールシャッハ法から理解する高齢期の女性性——名大法による2事例の継起分析を中心として.日本ロールシャッハ学会第17回大会.
西尾ゆう子(2015).老年期の女性性に関する一考察.京都大学大学院教育学研究科紀要,61,189-201.
西尾ゆう子(2016).ロールシャッハ法からとらえた老年期女性のジェンダーイメージ.ロールシャッハ法研究,20,32-41.
岡本祐子・松下美知子(編)(2002).新 女性のためのライフサイクル心理学.福村出版.
笹田明子(1993).ロールシャッハ・テストからみた中年期女性の心理的特性に関する予備的研究.ロールシャッハ研究,35,73-92.
柴田利男(1989).青年期における身体満足度と自尊感情の関連性.同志社心理,36,50-56.
杉山崇(2007).抑うつの心理臨床に向けたロールシャッハ法,TAT,SCTと各種質問紙法の実施法および臨床的利点——投影法,質問紙法の臨床活用とテストバッテリーに向け

た一考察．山梨英和大学紀要，**6**，19-39．
鈴木慶子・髙橋靖恵（2005）．青年期女子の女性性受容――質問紙法とロールシャッハ法による検討．九州大学心理学研究，**6**，281-293．
武内珠美（2002）．妊娠・出産・子育てをめぐる女性の心理と問題．岡本祐子・松下美知子（編）新　女性のためのライフサイクル心理学．福村出版，pp. 151-175．
遠山尚孝（1983）．神経性食欲不振症者の心理力動――25 症例のロールシャッハ技法による検討．ロールシャッハ研究，**25**，1-18．

第 5 章

荒木乳根子（2001）．高齢者の性を理解する．月刊総合ケア，11（12），pp. 6-11．
馬場禮子（2003）．投映法．臨床心理学，**3**（4），447-453．
Butler, N. R. (1963). The life review: An interpretation of reminiscence in the aged. *Psychiatry*, **26** (1), 65-76.
Erikson, E. H. (1950). *Childhood and Society*. W. W. Norton: New York. 仁科弥生（訳）（1977/80）．幼児期と社会 1・2．みすず書房．
Erikson, E. H. (1959). *Psychological Issues, Vol. 1, No. 1.* New York: International Universities Press.
Erikson, E. H. (1968). *Identity: Youth and Crisis*. New York: W. W. Norton. 岩瀬庸理（訳）（1982）．アイデンティティ――青年と危機．金沢文庫．
Erikson, E. H. (1980). *Identity and the Life Cycle*. New York: W. W. Norton. 西平直・中島由恵（訳）（2011）．アイデンティティとライフサイクル．誠信書房．
Erikson, E. H. (1998). *The Life Cycle Completed*. (Extended version with new chapters on the Ninth Stage of Development by Joan M. Erikson) New York: W. W. Norton. 村瀬孝雄・近藤邦夫（訳）（2001）．ライフサイクル，その完結［増補版］．みすず書房．
笠井さつき（2015）．幻滅と幻滅の先にあるもの．精神分析研究，**59**（4），448-454．
木下直紀・浅田恵美子・髙橋紗也子・義江多恵子・西尾ゆう子（2013）．回想を語るという行為について――インタビュー調査を通して．日本心理臨床学会第 32 回秋季大会．
岸本寛史（2002）．バウムの幹先端処理と境界脆弱症候群．心理臨床学研究，**20**（1），1-11．
Klein, M. (1928). Early stages of the Oedipus conflict. In, Klein, M. (1975) *The Writings of Melanie Klein, Vol. 1.* London: Hogarth Press and the Institute of Psycho-Analysis. 柴山謙二（訳）（1983）．エディプス葛藤の早期段階．小此木啓吾・岩崎徹也（責任編訳）メラニー・クライン著作集 1．誠信書房．
Klein, M. (1932). *The Psycho-Analysis of Children*. In, Klein, M. (1975) *The Writings of Melanie Klein, Vol. 2.* London: Hogarth Press and the Institute of Psycho-Analysis. 小此木啓吾・岩崎徹也（責任編訳），衣笠隆幸（訳）（1997）．メラニー・クライン著作集 2．誠信書房．
Klein, M. (1945). The Oedipus complex in the light of early anxieties. In, Klein, M. (1975) *The Writings of Melanie Klein, Vol. 1.* London: Hogarth Press and the Institute of Psycho

-Analysis. 牛島定信(訳)(1983). 早期不安に照らしてみたエディプス・コンプレックス. 小此木啓吾・岩崎徹也(責任編訳)メラニー・クライン著作集3. 誠信書房.

Koch, K. (1949). *Der Baumtest: Der Baumzeichenversuch als psychodiagnostisches Hilfsmittel.* Bern: Verlag Hans Huber. 林勝造・国吉政一・一谷彊(訳)(1970). バウム・テスト——樹木画による人格診断法. 日本文化科学社.

幸田文(1996). きもの. 新潮社.

黒川由紀子(2008). 認知症と回想法. 金剛出版.

Lewis, M. I. & Butler, R. N. (1974). Life-review therapy: Putting memories to work in individual and group psychotherapy. *Geriatrics,* 29 (11), 165-173.

西平直(2011). 訳者解説. Erikson, E. H.(著), 西平直・中島由恵(訳)アイデンティティとライフサイクル. 誠信書房, pp. 197-211.

小此木啓吾(2002). 統合. 小此木啓吾(編集代表)精神分析事典. 岩崎学術出版社, pp. 366.

奥田亮(2005). 幹先端処理において体験されうること——幹先端が描き手に何を引き起こすか. 山中康裕・皆藤章・角野善宏(編)バウムの心理臨床. 創元社, pp. 182-197.

小沢真・坂本真理・鈴木ひとみ・中村紀子(1985). 施設内老人と在宅老人とのパーソナリティの比較——バウム・テストを使って. 心理測定ジャーナル, 21 (3), 20-25.

齋藤眞・堀崎千恵子(1999). 高齢者の抑うつ感について——SDSとバウムテストを通じて. 愛知教育大学教育実践総合センター紀要, 2, 173-180.

高田朋子(1996). 高齢者の抑うつにみられる心理状態について——バウムテストによる検討より. 甲南女子大学大学院心理学研究室心理学年報, 15, 89-109.

滝浦孝之(2011). 在宅健常高齢者のバウムの特徴——文献的検討. いわき明星大学人文学部研究紀要, 24, 97-113.

山中康裕(1976). 精神分裂病におけるバウムテストの研究. 心理測定ジャーナル, 12 (4), 18-23.

終 章

Ardern, M. (2002). Psychodynamic therapy. In, J. Hepple, M.-J. Pearce, P. Wilkinson, & M. Ardern (eds.) *Psychological Therapies with Older People: Developing Treatments for Effective Practice.* New York: Brunner Routledge, pp. 21-44.

Ayers, C. R., Sorrell, J. T., Thorp, S. R., & Wetherell, J, L. (2007). Evidence-based psychological treatments for late-life anxiety. *Psychology and Aging,* 22 (1), 8-17.

Boss, P. (1999). *Ambiguous Loss: Learning to Live with Unresolved Grief.* Cambridge: Harvard University Press. 南山浩二(訳)(2005). 「さよなら」のない別れ 別れのない「さよなら」——曖昧な喪失. 学文社.

Cohler, B. J. (1998). Psychoanalysis and the life course: Development and intervention. In, I. H. Nordhus, G. R. Vandenbos, S. Berg, P. Fromholt (eds.) *Clinical Geropsychology.* American Psychological Association: Washington, D. C., pp. 61-78.

Hinrichsen, G. A. (2008). Interpersonal psychotherapy as a treatment for depression in later life. *Professional Psychology: Research and Practice*, 39 (3), 306-312.

Jaques, E.（1965）. Death and the mid-life crisis. *International Journal of Psycho-Analysis*, 46 (4), 502-514. 松木邦裕（監訳）（2000）. クライン派分析の応用——死と中年期危機. メラニー・クライン トゥデイ③——臨床と技法. 岩崎学術出版社, pp. 259-287.

北山修（2014）. 意味としての心——「私」の精神分析用語辞典. みすず書房.

Knight, B. G.（1999）. Psychodynamic and scientific gerontology. In, R. T. Woods（ed.）, *Psychological Problems of Aging: Assessment, Treatment and Care*. New York: Wiley-Blackwell, pp. 293-310.

Miller, M. D. & Reynolds, C. F.（2002）. Interpersonal Psychotherapy. In, J. Hepple, J. Pearce, & P. Wilkinson（eds.）*Psychological Therapies with Older People: Developing Treatments for Effective Practice*. New York: Brunner-Routledge, pp. 103-127.

Schulte, W.（1964）. *Studien zur heutigen Psychotherapie*. Heidelberg: Quelle & Meyer. 飯田真・中井久夫訳（1969）. 精神療法研究. 医学書院.

Segal, H.（1958）. Fear of death: Notes on the analysis of an old man. *International Journal of Psycho-Analysis*, 39 (2-4), 178-181; reprinted (1981) In, *The Work of Hanna Segal*. New York and London: Jason Aronson. 松木邦裕（訳）（1988）. クライン派の臨床——ハンナ・スィーガル論文集. 岩崎学術出版社.

Semell, V. G.（1996）. Modern psychoanalytic treatment of the older patient. In, S. H. Zarit & B. G. Knight（eds.）*A Guide to Psychotherapy and Aging: Effective Clinical Interventions in a Life-Stage Context*. Washington: American Psychological Association, pp. 101-120.

Teri, L. & Logsdon, R. G.（1992）. The future of psychotherapy with older adults. *Psychotherapy: Theory, Research, Practice, Training*, 29 (1), 81-87.

Treliving, L. R.（1987）. The use of psychodynamics in understanding elderly in-patients. *Psychoanalytic Psychotherapy*, 3 (3), 225-233.

吉岡久美子（2000）高齢者の回想(法)に関する展望. 九州大学心理学研究, 1, 39-49.

おわりに

　この本を執筆中に，研究にご協力をいただいた女性数名の訃報を受け取った。それぞれの笑顔や話し声は，今も筆者の胸に蘇る。死のほんの手前で語られた言葉を未来の読者に伝えたいという思いが執筆を進める力となった。あらためてお礼を申し上げたい。

　この本は筆者の博士論文をベースにしており，その構想は京都大学大学院教育学研究科在学中に練った。ある授業でそれを発表した時，筆者の老年期に対する先入観が見受けられるが，実際の老年期はもっと「ギラギラしている」というコメントをいただき，それ以来どうしたらその「ギラギラ」を含めて理解できるだろうかと試行錯誤した。そのような時，104歳の女流画家・篠田桃紅氏の作品に触れる機会を得た。金箔の地に中国の朱墨が映えるインパクトのあるシルクスクリーンは，柔らかく，しかしきっぱりと老いや衰退の固定概念を否定しているようだった。

　感性の照準を合わせるために女流俳句集を開くこともあった。

　　老の恋もあるものよ丘の曼珠沙華　　長谷川かな女
　　また今日も生きているのか栗ご飯　　細見綾子

　こうした句に触れるとこれまで出会った方々の顔が思い浮かび，連想が広がった。そして，その感覚を学問の言葉で表すとしたらどうなるのかと頭をひねった。

　筆者がこのテーマを選んだ経緯をここで記しておきたい。ひとつには，女性のこころの発達変容に学術的な関心を寄せているからだが，もうひとつには個人的事情もある。街中で育った筆者が田舎に住む祖母と触れ合うことは，夏休

みなどの限られた機会であった。祖母は，新鮮な野菜を使った料理と陽に当てた布団を準備して迎えてくれた。祖母と過ごす時間は楽しかったが，ふとした時に近寄りがたい距離を感じることがあった。それは，今この世にいない人のことを祖母が想っている時であり，家族・友人・隣人を含め，何人もの死を看取ってきた人の発する独特の佇まいであったと思う。大げさに言えば，その時，祖母は異なる世界に生きているように感じられた。

ある日，祖母が白髪を紫に染めてきた時には，ひとりの女性であることを感じた。祖母と母と3人でいる時には，母が娘の顔になった。母が生まれた時のことを祖母は生き生きと語った。そして筆者が生まれた時のことを母と祖母は語った。女とは，いくつもの顔をもつものだと知った。

心理臨床を志した筆者にとって，女性が人生で出会う苦悩をいかに受容し持ちこたえることができるかといった問題や，いかなる状況にあっても女性として自分らしく生きるにはどういった資質が求められるのかというテーマは，自分自身が向き合っていることでもあった。老年期までに無事に生き抜いてきた女性から学ぶことができれば，そのような問いに対する理解が深まり人生に対する見通しが立てられるように思えた。実際，一連の調査を通して，年を重ねることについて多くの新しい気づきを得た。

今日の社会には，老年期を中年期以降の「おまけ」以上のもの，むしろ，人生での重要かつ特別な時期としてとらえる視点が必要とされている。筆者が老年期というテーマに取り組むことは，自分の個人的感情を満足させるだけではなく，女性の発達全般に対する理解の深化や，老いと関わる臨床現場への貢献という意義があるのではないかと考えている。

この本は，京都大学総長裁量経費・若手研究者出版助成事業による出版である。山あり谷ありの研究をゆったりと支えてくれた学びの場，京都大学に感謝する。とりわけ，京都大学大学院教育学研究科の先生方には身にあまるご指導をいただき，深謝している。論文を書くことのイロハが十分身についていない筆者の指導を引き受けてくださった髙橋靖恵先生には，ご多忙の中，長時間のディスカッションの機会を何回も設けていただいた。一章ごとに論文を読んでコメントと励ましをくださる松木邦裕先生は，灯台のような存在感で本論の成

就を見守ってくださった。大山泰宏先生には，読むべき先行研究から総合考察のアイデアまで，貴重なご示唆をいただいた。そして精神医学と精神分析に精通された立場から率直な意見と感想をくださった岡野憲一郎先生とのディスカッションは刺激的であった。諸先生方と誠信書房の布施谷氏，高齢者心理臨床研究会（SENEX）のみなさん，執筆への温かい配慮をくださった職場の方々，そして身近で支えてくれた家族に感謝を伝えたい。

　なお，この本の草稿を読んだ90歳の祖父は「これから自分で経験することが大切，簡単にはわからないことがたくさん」と笑っていた。残された課題は多いが，この本を執筆した得がたい経験は筆者の臨床と研究の礎となるだろう。先人の歩みに心から敬意を表し後に続きたい。

平成29年12月
　亡き祖母が子ども時代を過ごした京都にて

西尾　ゆう子

索　引

あ行

曖昧な喪失　135
新しいかたちの若さ　32, 33, 36
生きがい感　130
移行期　23
一貫性と全体性の感覚　108, 123
イニシエーション　3, 86
イメージカード　91
インテグリティ　107, 108, 123
エピジェネティック・チャート　13, 14, 16
エリクソン，E. H.（Erikson, E. H.）　12
　　──に対する批判的検討　16
　　──の女性論　15
老い　72
　　──の恐怖　72
　　──の他者性　21
　　三度の──　1, 42

か行

回想法　107
語りのとば口　73
からだの変化　79, 82, 89
還暦　23, 41
聴く　v, 38
クライン，M.（Klein, M.）　4, 11
ケア　50
KJ法　80
傾聴　129
現役の自分　28
こころの真実　iv
心の変容過程　41, 42, 53
50歳　23, 27
孤独　72, 74

さ行

死　43

ジェンダーイメージ　81, 90
自己についての認識　22
死者　61
修正版グラウンデッド・セオリー　42
女性性　v, 1, 102
　　──の受容　2
女性段階　11
女性であること　2
女性のアイデンティティ　16
　　老年期の──　29
女性論
　　エリクソンの──　15
　　フロイトの──　10, 19
初潮　2, 86, 89
身体性　3, 79
心理アセスメント法　64
心理-性的発達　10
心理的援助　129, 136
心理療法　107, 136～138
性愛　124
　　老年期の──　3, 103
生活構造　36, 50
生殖器疾患　80
全体性　9, 121, 123, 124, 133
早期エディプス状況　12
喪失　48, 50, 86
　　──体験　48
創造性　8

た行

第二次世界大戦　135
多重役割　50
男性の存在　85
超高齢社会　41
通時性　121
紡ぎ直し　131
　　人生の──　45, 51
TAT　38, 64, 73, 75, 104

テストバッテリー　74, 104
転移　131
投影水準　39
トーンスタム，L.（Tornstam, L.）　13
年をとらない心の領域　29

な行

眺める他者　132

は行

バウムテスト　104, 109, 114, 116
破壊衝動　134
バトラー，N. R.（Butler, N. R.）　107, 125
フェミニズム　19
フロイト，S.（Freud, S.）　9
　──の女性論　10, 19
閉経　3, 82, 86
ペニス羨望　10

ま行

喪の哀悼の仕事　46, 48, 49

や行

役割　50
容姿の衰え　84

ら行

ライフサイクル　12
　──研究　38
　──の第9段階　15
　女性の──　41
臨床家の育成　127
臨床的活用　107, 136
レヴィンソン，D. J.（Levinson, D. J.）　36, 38, 64
歴史性　9
老年期　4, 12, 13
　──の色気　124
　──の(性や)性愛　3, 103
老年的超越　13
ロールシャッハ法　90, 104

● **著者紹介**

西尾 ゆう子（にしお ゆうこ）

2011年	京都大学教育学部教育科学科教育心理学系卒業
2011年	京都大学大学院教育学研究科臨床教育学専攻修士課程
2013年	京都大学大学院教育学研究科臨床教育学専攻修士課程修了
2013年	京都大学大学院教育学研究科臨床教育学専攻博士後期課程
2016年	京都大学大学院教育学研究科臨床教育学専攻博士後期課程研究指導認定退学
現 職	株式会社北大阪メンタルヘルス渡辺カウンセリングルーム, 博士（教育学），臨床心理士
著訳書	『京大心理臨床シリーズ 11 心理療法における終結と中断』（分担執筆）（創元社, 2016 年），『プレイセラピー［新版］』（分担訳）（日本評論社, 2012 年）

老年期女性の心的世界──「枯れない心」に寄り添う

2018年3月25日 第1刷発行

著　者　　西尾　ゆう子
発行者　　柴田　敏樹
印刷者　　日岐　浩和

発行所　株式会社　誠信書房
〒112-0012　東京都文京区大塚 3-20-6
電話　03-3946-5666
http://www.seishinshobo.co.jp/

印刷所／中央印刷㈱　製本所／協栄製本　　落丁・乱丁本はお取り替えいたします
©Yuko Nishio, 2018　　　　　　　　　　　　　　　　Printed in Japan
ISBN978-4-414-41634-3 C3011

JCOPY 〈(社)出版者著作権管理機構 委託出版物〉
本書の無断複写は著作権法上での例外を除き禁じられています。複写される場合は、
そのつど事前に、(社)出版者著作権管理機構(電話 03-3513-6969、FAX 03-3513-6979、
e-mail:info@jcopy.or.jp)の許諾を得てください。

回想法
高齢者の心理療法

黒川由紀子 著

日本における回想法の第一人者である著者が、回想法の歴史、進め方、うつ病や痴呆症患者に対する回想法の事例などを詳しく解説する。臨床家としての著者の洞察力と温かい眼差しが随所に溢れた書となっている。

目次
1 高齢者に対する心理療法
2 回想法とは
3 回想法研究の歴史と効果評価
4 痴呆性疾患の高齢者に対する回想法の有効性——回想法グループの事例を通して
5 回想法の進め方
6 回想法の実際1——うつ病の高齢者
7 回想法の実際2——痴呆症
8 回想法の実際3——痴呆症などを有する男性グループ
9 回想法の実際4——重度痴呆症患者のグループ
10 回想法の実際5——長期療養型病院に入院中の90代の女性

A5判上製　定価(本体3000円+税)

バウムテストを読み解く
発達的側面を中心に

中島ナオミ 著

長年コッホのバウムテスト研究に携わってきた心理臨床家が、解釈理論の構築に貢献できる指標・樹型・樹種等の発達調査をまとめた労作。

目次
第Ⅰ章　はじめに
第Ⅱ章　バウムテストの体系化の過程
第Ⅲ章　実施法
第Ⅳ章　バウムの指標
第Ⅴ章　バウムの樹型
第Ⅵ章　バウムの幹と枝
第Ⅶ章　バウムの樹種
第Ⅷ章　教示の効果
第Ⅸ章　バウムテストの特性
第Ⅹ章　おわりに

A5判上製　定価(本体3600円+税)